二十一世纪普通高等教育人才培养“十四五”系列教材

会计高仿真运转实训

主　编○路伟果　张华军　黎富兵
副主编○王红艳　黄　叙

KUAIJI GAOFANGZHEN YUNZHUAN SHIXUN

西南财经大学出版社
Southwestern University of Finance & Economics Press
中国·成都

图书在版编目(CIP)数据

会计高仿真运转实训/路伟果,张华军,黎富兵主编;王红艳,黄叙副主编.—成都:西南财经大学出版社,2022.8(2024.8 重印)
ISBN 978-7-5504-5454-5

Ⅰ.①会… Ⅱ.①路…②张…③黎…④王…⑤黄… Ⅲ.①会计学—教材 Ⅳ.①F230

中国版本图书馆 CIP 数据核字(2022)第 128406 号

会计高仿真运转实训
主 编 路伟果 张华军 黎富兵
副主编 王红艳 黄 叙

责任编辑:杨婧颖
责任校对:雷 静
封面设计:何东琳设计工作室 张姗姗
责任印制:朱曼丽

出版发行	西南财经大学出版社(四川省成都市光华村街 55 号)
网 址	http://cbs.swufe.edu.cn
电子邮件	bookcj@swufe.edu.cn
邮政编码	610074
电 话	028-87353785
照 排	四川胜翔数码印务设计有限公司
印 刷	四川五洲彩印有限责任公司
成品尺寸	185 mm×260 mm
印 张	12.875
字 数	220 千字
版 次	2022 年 8 月第 1 版
印 次	2024 年 8 月第 3 次印刷
印 数	5001— 6000 册
书 号	ISBN 978-7-5504-5454-5
定 价	39.80 元

前言

QIANYAN

党的二十大报告指出，“全面贯彻党的教育方针，落实立德树人根本任务，培养德智体美劳全面发展的社会主义建设者和接班人”“坚持以人民为中心发展教育，加快建设高质量教育体系”。而持续深化课程改革对落实立德树人根本任务、推进高等教育内涵式发展、让每个学生都能成为有用之才具有重要意义。课程是教育思想、教育目标和教育内容的主要载体，集中体现国家意志和社会主义核心价值观，是学校教育教学活动的基本依据，直接影响人才培养质量。

随着我国经济的飞速发展，会计信息化和智能化已成为会计领域理论界和实务界关注的焦点，然而要更好地运用信息化和智能化的先进技术手段去挖掘和分析会计数据，为会计信息使用者服务，会计基本知识和基本操作原理就显得尤为重要。培养适应新时代的复合型应用会计人才也是当务之急，而课程教材建设是新时代高等教育育人质量工程的基础之一。我们以重基础、重实用、重内容更新以及重综合素养为指导思想，组织教学经验丰富的骨干教师编写了这本《会计高仿真运转实训》教材，希望通过教材建设、更新实践内容、改进教学方法等，提升实训课程的应用性、针对性和仿真性，进一步提高会计人才培养的质量。

“高仿真运转型”实训模式是财会手工实训模式的创新。该模式以高仿真的微型经济运行环境作为实训平台，以特定职业角色强化学员的主体意识，以与实践密切结合的经济业务内容为业务基础，以相互协调、分工合作的业务流程与运转体系强化学员财会实操能力、团队合作精神以及沟通表达能力，并采用激励和竞争机制激发学生的主观能动性，培养学生发现问题、分析问题和解决问题的能力，以此将会计实训课程变成充满激情的实战演习，真正地让学生“动”起来：动脑思考、动口交流，动手操作。这不仅可以深化学生对会计专业理论的学习和理解，还可以为会计理论和实践铺设衔接的桥梁。

本教材采用的实训模式与目前大多数高校传统的会计实验相比，具有以下特点：高仿真性、职业角色性、协调配合性、主体能动性。学生在高仿真的实训环境中通过扮演不同的职业角色，充分发挥各自的主观能动性，协作分工完成高仿真的经济业务。

本教材由路伟果、张华军、黎富兵任主编，王红艳、黄叙任副主编。在本书的编写过程中，我们沿用了程夏、刘建华和张治彬编写的《会计综合实验》教材中的实训总体设计理念，并借鉴了教材中案例的部分业务编写内容，再次向程夏教授、刘建华教授和张治彬教授给予的指导和帮助表示衷心感谢！

由于编者水平有限，若本教材存在不足之处，恳请使用者提出宝贵意见。

编者

2022 年 2 月

目录

MULU

第一章 概论

第一节 会计综合实训课程改革现状

随着信息时代的发展与大数据时代的到来，会计信息处理智能化也逐渐受到越来越多人的关注与重视，智能化发展影响着会计领域的方方面面，会计信息处理智能化应用也给传统会计行业带来了一定的冲击。由智能化核算代替人工核算，智能化的软件将相应的数据由智能化软件自动处理（如选择对应的科目，期末自动生成财务报表等），方便快捷，节省了大量的人力物力。智能化的应用使会计职能发生了改变，企业中的财务会计人员要向管理会计人员转变；基于业财深度一体化构建的智能财务共享平台，更是实现财务数据与业务数据的连接，颠覆了传统的财务核算模式，通过办公平台实现与企业上下游客户之间的对接，并通过电子发票实现税务与交易的关联，对财务数据处理流程及交易流程进行了重构，企业的日常采购可以通过线上统一支付、统一结算，实现业财一体化。在智能财务共享平台基础上，附加值低的环节都由系统自动处理，财务人员实现了由传统会计向管理会计的转型。基于当前会计发展趋势，很多高校开始引入财务共享、数据分析等智能化财务教学平台，并取消了传统会计手工实训课程，这看似和社会发展接轨，实则忽视了会计基础原理的重要性，导致学生虽然能按照财务共享平台操作流程和说明顺利完成所有实训任务，但是学生并不能够真正理解会计具体核算流程以及各流程相互间的逻辑关系，只是机械地点击鼠标，而核算流程出现错误时却不知如何查找问题。究其原因，正是学生缺乏基础实践技能的铺垫，并未真正理解会计核算的操作原理，更不要说灵活运用了。

一、财会学生实践能力提升面临的困境

财会业务具有较强的实践性，为了提升学生实操能力，很多高校都针对财会类专业的学生设置了校内实践课程和校外实习环节。虽然校外实习对于学生熟悉工作环境、接触实际业务、将所学的知识用于实践以及提升实际动手能力有极大的帮助，但是校外实习环节受诸多因素制约。虽然大多数高校都建立了校外实习基地，但由于实习基地数量不多，每家企业可接受财会类实习学生的数量实在有限，且部分企业的业务涉及商业机密，或者因为实习生流动性大、工作时间不稳定，实践中常出现刚教会学生业务，实习就结束的现象，所以部分企业不愿意接受学生到企业实习。有的企业即便接受了学生实习，由于会计工作责任重，它们通常只安排实习生做简单、重复的工作，学生无法接触到完整的、具体的会计业务，实习收效甚微。因此，目前大多数高校还是依托于改革校内的财会类实训课程来提升学生的实践能力。

大部分高校的校内实践课程包含会计基础实践课程和会计综合仿真实践课程。基础实践课程主要有以下几种：

（一）单项强化型模拟实验

单项强化模型模拟实验是指将全套会计核算分为填制记账凭证、汇总、登记账簿等单独项目，对每个项目提出具体要求，对学员进行会计操作强化训练。如：①强化记账凭证编制：要求根据结出的原始凭证不间断地填制记账凭证，考核其正确性和时间耗费；②强化凭证审核训练：既可以由教师给出大量记账凭证让学员审核，也可由学员交互审核；③强化登记账簿训练：规定学员在一定时间内完成明细账和总账的登记。这一方法，使学员有压力感、紧张感，迫使其加强基本功训练，并且重点明确，便于组织与考核，但业务系统性不强，学生配合意识淡薄，无法真正理解业务运转流程。

（二）分步实践型模拟实验

该实验是将原始凭证的产生、传递到账务处理分成几个阶段，分步进行实验的一种方法。一般分为三大步骤：

第一步，让每个学员熟悉并填制各种与财会业务有关的全套原始凭证；

第二步，将自己所填单据按凭证传递要求分开；

第三步，根据财会部门留存的全部原始凭证进行账务处理（既可以由学员个人进行全套账务处理；又可以选取一套原始凭证让学员按财会科设岗情况，配合起来进行账务核算）。

这一方法的优点是：①每一位学员都填制并熟悉了各种原始凭证；②凭证各联次作用和传递意识清楚；③原始凭证和账务核算紧密结合；④实习面较宽。由于这一方法要求每一个学员都要填制全套原始凭证，因而对凭证的需求量很大，且学生在初始阶段需不间断地、机械地填制大量原始凭证，容易使其产生疲劳感和厌倦感，再加上实验多采取独立操作形式，导致团队配合意识淡薄。

（三）独立操作型模拟实验

每个学员根据给出的原始凭证，在真实的账证资料中操作，完成从编制记账凭证、汇总及登账、结转利润直至填制会计报表的全过程操作。该实验使学员操作了全套会计核算业务，熟悉了所有账簿资料及全套账务程序，是一种比较过硬的全面账务训练。但由于会计核算所需的原始凭证是直接提供的，因此学员不熟悉原始凭证的传递程序，也不易树立财会部门与其他部门相互联系、相互配合的观念，且需为每位学员准备一整套账簿，成本耗费较大。

开设校内会计综合仿真实训的高校大多直接购买较为成熟的财会软件，利用财务共享平台让学生模拟业财税一体化，感受会计信息化和智能化的魅力，这虽然在一定程度上实现了学校与社会发展的接轨，但忽视了对学生基础知识综合运用能力的培养，学生在不了解业务运转流程的情况下，只是机械地点击鼠标就完成了各项实训操作，而对原理掌握不透，分析不深入。

二、会计综合实训课程改革的意义

高校对财会学生实践能力的培养应遵循“基础→技能→应用→创新”四个层次的培养理念，强化基础训练、着力提高实践能力、最终实现综合培养。校内开设实践课程设置时，首先在基础实践环节，教师可以通过理论与实训交替进行的方式强化学生基础理论知识，学生掌握各类企业经济业务处理、单据样式及填写要求，从而对企业运营有了初步了解。其次在综合技能实践课程中，学生逐渐成为课程主导者，学生自主整理教师所提供的资料，梳理完成会计账务处理步骤，明确企业各部门间的分工协作关系，理解会计在企业管理中所处的地位与作用，逐步成为懂流程、能分析、知管理、会核算的优质人才，最后再通过财务信息化和智能化平台提升学生的实践操作能力，真正实现与社会实践接轨。

本实训教材正是以提升学生会计综合技能为目标，以发挥学生的主观能动性作为教学改革的立足点，以学生为中心并由学生担任不同职业角色，以具体职业角色相互配合、动态运行的实验模式。高度仿真的实训环境让学生在综合仿真实训课程过程中能够追溯经济业务全流程、了解凭证的来源、掌握凭证的填写及审核要求、自主完成成本的计算、成本还原以及税款的计算和填报，能够将所学专业知识进行综合运用。通过综合运转实训，学生能明确自己的知识短板，在毕业前有针对性地完善知识结构，缩短就业后的磨合期，使学生具备进入岗位不陌生、接受任务无恐惧、沟通表达很自如、遇到困难能解决、自主学习能自律、创新意识很凸显的相关职业素养和能力。

第二节　会计高仿真运转实训的特点

一、本课程是涉及会计学、税法、成本会计等课程的综合实训

本实训课程涉及的税种包括增值税、企业所得税、个人所得税、城市维护建设税及教育费附加、印花税等。实训案例按照企业实际的涉税流程进行业务设置，如期初涉及缴纳增值税、所得税等业务；日常采购和销售业务都涉及增值税的账务处理；期末包含计算企业所得税、增值税、城市维护建设税及教育费附加、资源税、印花税、房产税、土地使用税等业务。此外，生产过程中涉及部分成本会计的内容，学生需要掌握基本的成本计算及还原方法。因此本实训课程融合了会计学、税法以及成本会计等财税知识，学习后学生能够提升了综合业务能力。

二、注重培养学生的团队合作意识和沟通协调能力

本实训采用的是分组和分岗位手工账实操，每一笔业务的顺利完成，都需要相关岗位

共同协作，每个小组业务运行的质量取决于团队是否具备良好的业务技能和团队合作意识以及有效的沟通协调方式。以上三者缺一不可，因此教师在课程评价时应重点体现这几个方面。

三、四个“高仿真”

（一）岗位设置高仿真

1. 外部岗位设置高仿真

外部岗位是相对于会计主体（阳光有限责任公司，以下简称“阳光公司”）而言的，包括：供应商、客户、主体银行（阳光公司的开户银行）、客体银行（非阳光公司的开户银行）、物流公司、税务局，设置外部岗位是为阳光有限责任公司开展业务提供服务，并为业务开展提供了完整的运行环境。

2. 内部岗位设置高仿真

本次实训按照部门“最少化”原则，为阳光公司设置了以下几个部门：行政部、生产部、销售部、财务部、仓库，以及其他部门，如图 1-1 所示。

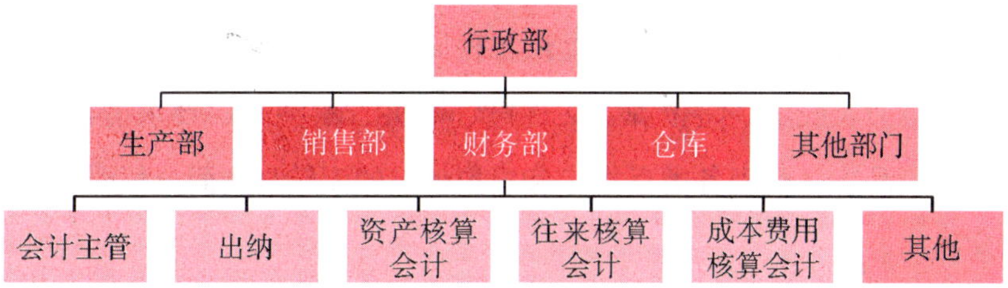

图 1-1　内部岗位设置

对主要部门及岗位的介绍如下所述：

（1）行政部，设置总经理，负责行政部内部相关事宜的运行。

（2）财务部分设 5 个会计岗位：会计主管、出纳、资产核算会计（简称“资产会计”）、往来核算会计（简称“往来会计”）、成本费用核算会计（简称“成本费用会计”）。其中，会计主管是财务部领导，成本费用会计兼任生产部部长。

（3）业务员岗位，负责公司的采购和销售业务办理。

（4）仓库保管员岗位，管理原材料、库存商品等实物资产。

（二）账证资料高仿真

为了增强实训的仿真性，实训中用到的原始凭证种类齐全，且都是根据真实票据的样式和联次来设计的，包括：增值税专用发票、增值税普通发票、出库单、入库单、收料单、领料单、费用报销单、借款单、材料成本差异计算表、固定资产折旧表、坏账准备计提表、无形资产摊销表、所得税计算表、增值税计算表、资源税计算表、房产税、土地增值税计算表、减值准备计算表、盈余公积计提表、盘存表、普通支票、转账支票、现金支票、转账进账单、托收凭证、商业承兑汇票、银行承兑汇票、电汇凭证、电子回单、借款利息单、存款利息单、完税凭证等。

实训中统一使用通用记账凭证和科目汇总表。

账簿使用活页，账页的格式包括三栏式、多栏式、数量金额式、账页扉页、账簿封面牛皮纸等，可以根据需要灵活地组装成总账、日记账和明细账等账簿。

实训提供资产负债表和利润表。

（三）公章器具高仿真

根据岗位和业务需要，实训中需要提供各种印章和办公用具，如印章印泥、回形针、标签纸、直尺、剪刀、胶水、岗位牌、文件筐、账夹、票夹等，要求能满足日常办公需要。此外，要求商品牌（代表各类存货）和模拟钞票的流转与账面金额严格保持一致，并定期进行账实核对。

（四）业务内容高仿真

实训案例是根据中小型制造业的业务类型和业务量来进行设计的经济业务，业务类型包括筹资、采购、生产、销售、费用计提和报销、涉税业务、财务成果核算等，覆盖面较广。在业务运转过程中我们的实训采用轮岗实训制，使学生有机会模拟不同的岗位，这也符合中大型企业财务工作的现状。

四、核算流程清晰明了

会计核算的基本逻辑是先有业务后有账，即经济业务发生以后，会计根据取得的原始凭证编制记账凭证，经审核以后再登记账簿。由于现代企业对会计的基本要求是，既要懂业务，又要懂做账，因此本书在实训中设计核算流程时，将流程划分为两个部分：业务程序和账务程序。这样一来，学生们通过实训不仅会编制凭证、登记账簿，还能掌握基本的业务流程，从而更能满足企业的需求。

第三节 会计高仿真运转实训实施步骤

一、召开实训动员大会

召开动员大会的目的是向学生介绍高仿真手工实训的特点和要求。高仿真主要体现在四个方面：岗位设置仿真、账证资料仿真、公章器具仿真、业务类型仿真。

高仿真的意义在于它最大程度地模拟真实的交易环境，如在会计主体（阳光有限责任公司）之外，实验设置了供应商、客户、银行、物流公司和税务局等外部单位，为业务运行构建了真实的交易对象和交易环境；在会计主体（阳光有限责任公司）内部，设置了行政部、生产部、财务部、销售部、仓库 5 个关键部门，根据部门开设了会计主管、出纳、资产核算会计、往来核算会计、成本费用核算会计、仓库保管员、业务员 7 个具体的岗位。此外，还为业务运行提供了高度仿真的原始凭证、记账凭证、账页和报表，以及各岗位所需要的公章器具等，这些为业务的仿真运行提供了载体。

仿真的业务环境构建完成之后，学生需要按照岗位的职责进行分工和协作，每个岗位的学生都应恪尽职守，业务才能顺利开展。首先，统一思想，一个团队做一套账，需要每位同学积极配合，共同完成业务核算；其次，要求每位同学从学生的角色转变为职员角色，迅速进入工作状态，及时按照岗位的需要去进行自我调节；最后，介绍实训评价方法，鼓励学生积极参与，争取获得奖励。

动员大会的目的是让学生对本次实训有更清晰、更具体的了解，从而引导学生以正确的心理状态参与进来，为业务模拟运行创造条件。

二、分组分工确定岗位

岗位设置如表 1-1 所示，分为 7 个内部岗位和 6 个外部岗位，一共 13 个岗位。人员配置参考第一轮数字所示，建议会计主管和出纳各安排 2 位学生，资产会计及供应商安排 1 位学生，客体银行至税务局根据总人数灵活安排，一个实训小组人数为 12~16 人。一个教学班为 40~45 人，分成 3 个实训小组，安排 1 位实训教师。

岗位设置的另一个要求是每经过 5 个工作日进行一次轮岗，业务约为 20 笔，每一轮业务都按照正常的会计核算流程进行账务处理，包括填制原始凭证、编制记账凭证、登记日记账、明细账和总账、试算平衡、对账以及装订凭证。指导教师可在每一轮结束后做一次点评或者小结，并做好记录。

表 1-1　岗位设置

岗位轮次	会计主管	出纳	资产会计	成本费用会计	往来会计	仓库	业务员	主体银行	供应商	客体银行	客户	物流公司	税务局
1	2	2	1	1	1	1	1	1	1				
2													
3													
4													
5													
6													

三、建账

建账即建立账户，包括总账、明细账、日记账和对账单。其中，对账单是银行提供的账簿，专门核对企业银行存款日记账。根据阳光公司业务的需要，共开设总账账户 60 个，明细账账户 199 个，日记账账户 9 个，银行对账单账户 2 个。建账是进行业务核算前的准备工作，需要指导教师提前规划好所建账户名称、所需账页的数量和格式等，并按照岗位提前分配好。建账结束后，需要立即进行对账，即总账与明细账核对，确保数据无误。

四、业务运行

业务运行有如下具体步骤：

·填制相关原始凭证。

·组织相关岗位模拟业务流程并进行原始凭证的传递。

·会计归集相关原始凭证并编制记账凭证。

·主管审核会计凭证。

·逐笔登记明细账、逐笔序时登记日记账。

·逐笔序时登记银行对账单。

·每一轮业务全部完成后，编制科目汇总表并登记总账。

·对总账进行发生额和余额的试算平衡。

·组织对账，包括：总账分别与日记账、明细账核对；出纳银行存款日记账与对账单核对；现金与现金日记账核对；仓库与资产核算会计核对各类材料和库存商品数量。

·装订会计凭证。凭证装订完成后，重新选择岗位，进行账目交接，依据以上步骤开始第二轮业务操作。

第一轮业务运行一般比较缓慢，因为学生操作需要教师逐笔指导，教师应详细讲解业务流程和账务处理流程，以及涉及的原始凭证的填制和传递，从第二轮开始，根据学生的实际情况，教师可适当提高业务核算速度，六轮业务运转课时可以参考表 1-2：

表 1-2 业务运转课时分配 单位：课时

轮次	第一轮	第二轮	第三轮	第四轮	第五轮	第六轮
时间	20	8	8	8	8	8

五、结账

结账是指把一定时期内应记入账簿的经济业务全部登记入账后，计算、记录本期发生额及期末余额，并将余额结转至下期或新的账簿。直观地说，结账就是结算各种账簿记录，它是在将一定时期内所发生的经济业务全部登记入账的基础上，将各种账簿的记录结算到本期发生额和期末余额的过程。会计人员应按照相关规定，对现金、银行存款日记账按日进行结账，对其他账户按月、季、年进行结账。

六、总结表彰大会

实训结束后，教师应根据学生表现，分别在每个小组评选最佳组织能力奖、最佳业务能力奖、最佳细心耐心奖、最佳书写质量奖、最佳全能奖等，安排获奖同学交流心得体会。指导教师做总结发言，表扬学生的优点，指出其存在的不足，鼓励其充分利用假期时间积极参加社会实践，不断提升自己的业务水平。另外，要求所有学生按照高仿真手工模拟实习情况填写实习报告，报告应详细记录其每一轮所在岗位的工作内容、仿真实训中的问题及建议。最后，安排学生对实训进行自我总结。

第二章　会计实训操作指引

第一节　初始建账

一、会计业务流程

会计高仿真运转实训的会计业务流程如图 2-1 所示。

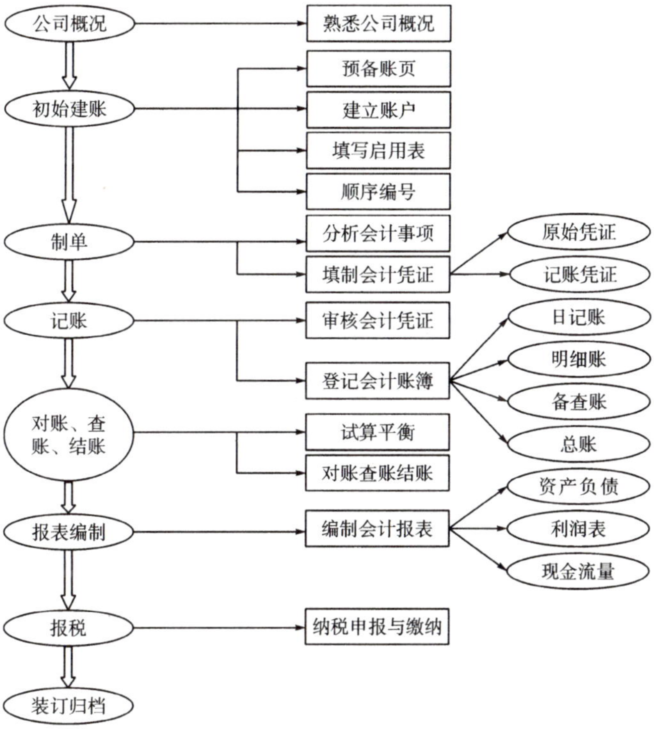

图 2-1　会计业务流程

二、文字、数字书写规范

（一）文字书写要求

会计业务中的文字书写主要有以下要求：

（1）要用蓝黑墨水或碳素墨水笔书写，不得用铅笔、圆珠笔（用复写纸复写除外）书写。

（2）红色墨水笔只在特殊情况下使用。

（3）填写支票必须使用碳素笔书写。

（4）文字书写一般紧靠左竖线书写，不留空白。

（5）书写时不能顶格，一般占格距高度的 1/2 或 2/3。

（6）要用正楷或行书体书写，要求工整、规范、整洁、清晰，不得乱造汉字。

（二）数字书写要求

1. 阿拉伯数字书写要求

（1）数字应当一个一个地写，不得连笔写。

（2）字体要各自成形，大小匀称，排列整齐，字迹工整、清晰。

（3）数字要自右上方向左下方书写，倾斜度为 60 度，其左下、右上不能留有较大空隙，以避免空隙处挤入数字。

（4）数字不能写满格，每个数字约占格子高度的 1/2，最多 2/3，需留出空隙。这么做既能为更正改错预备空间，又可以令书写版面清晰美观。

（5）如所记数字是整数而没有“角”“分”时，应用“00”占用角分位，而不能空格或用短线代替。

（6）有圆圈的数字，如 6、8、9、0 等，圆圈必须封口。

（7）所写数字必须清晰可辨，不能“4”“9”不分；“5”“8”不分；“1”“7”不分；“0”“6”不分；“7”“9”不分。

（8）“1”字不能写太短，要符合斜度，以防被篡改为“4”“6”“7”和“9”。

（9）“6”字起笔要伸到上半格的 1/4 处，下圆要明显，以防被篡改为“8”。

（10）“7”“9”两个数字可以超过底线一点，所占位置不能超过底线下格的1/4。

阿拉伯数字书写示例如图2-2所示。

图2-2　阿拉伯数字书写示例

2. 大写数字书写要求

（1）汉字大写的数字金额一律用正楷或者行书体书写，不得用〇、一、二、三、四、五、六、七、八、九、十等简化字代替，不得任意自造简化字。

（2）大写金额数字到元为止的，在“元”字之后应当写“整”字或者“正”字；大写金额数字到角为止的，角字后面可以不写“整”或者“正”字；大写金额数字有分的，分字后面不写“整”或者“正”字。

（3）大写金额数字前未印有货币名称的，应当加上货币名称，货币名称与金额数字之间不得留有空白，如“人民币壹仟捌佰陆拾元整”。

（4）阿拉伯金额数字中间有“0”时，汉字大写金额要写“零”字；阿拉伯数字金额中间连续有几个“0”时，汉字大写金额中可以只写一个“零”；阿拉伯金额数字元位是“0”时，或者数字中间连续有几个“0”、元位也是“0”但角位不是“0”时，汉字大写金额大学数字书写要求如图2-3所示。可以只写一个“零”字，也可以不写“零”字。

零	壹	贰	叁	肆	伍	陆	柒	捌	玖	拾	佰	仟	万	亿

图2-3　大写数字书写要求

3. 大写日期书写要求

在填制重要的结算凭证（如支票、汇票、本票）时，其出票日期一般要求大写。年、月、日的日期大写也都有特殊要求。

（1）年度书写。

年度书写一般按照年度口语发音书写，如：贰零贰壹年，贰零贰贰年等。

（2）月份书写。

一年包括 12 个月，其中 1 月、2 月和 10 月在书写时，前面必须加“零”字，其他月份前可以加或者不加“零”字，如：零壹月、零贰月。

10 月、11 月和 12 月在书写时，前面必须加“壹”字，如：壹拾月、壹拾壹月、壹拾贰月，其中 10 月的书写最为特殊，应写成“零壹拾月”。

（3）日的书写。

一个月最多有 31 天，关于日的书写要求有：单数日和整数日前必须加“零”字，包括 1~9 日、10 日、20 日、30 日；10~19 日前必须加“壹”字，例如：零壹日、零贰日、零玖日、零贰拾日、零叁拾日、壹拾壹日、壹拾伍日、壹拾玖日，其中 10 日最为特殊，应写成“零壹拾日”。

三、初始建账

单位在建账时，应根据提供会计信息的需要，按照国家会计制度中规定的会计科目开设账户，必要时可以根据本单位的具体情况和经济管理要求，对统一的会计科目作必要的增补或简并。

（一）企业常用会计科目

企业常用会计科目如表 2-1 所示。

表 2-1　企业常用会计科目

顺序号	编号	会计科目名称	顺序号	编号	会计科目名称
		一、资产类	47	2202	应付账款
1	1001	库存现金	48	2203	预收账款
2	1002	银行存款	49	2211	应付职工薪酬
3	1012	其他货币资金	50	2221	应交税费
4	1101	交易性金融资产	51	2231	应付利息
5	1121	应收票据	52	2232	应付股利
6	1122	应收账款	53	2241	其他应付款
7	1123	预付账款	54	2314	代理业务负债
8	1131	应收股利			（或受托代销商品款）
9	1132	应收利息	55	2401	递延收益

表2-1(续)

顺序号	编号	会计科目名称	顺序号	编号	会计科目名称
10	1221	其他应收款	56	2501	长期借款
11	1231	坏账准备	57	2502	应付债券
12	1321	代理业务资产	58	2701	长期应付款
		（或受托代销商品）	59	2702	未确认融资费用
13	1401	材料采购	60	2711	专项应付款
14	1402	在途物资	61	2801	预计负债
15	1403	原材料	62	2901	递延所得税负债
16	1404	材料成本差异			三、共同类
17	1405	库存商品	63	3101	衍生工具
18	1406	发出商品	64	3201	套期工具
19	1407	商品进销差价	65	3202	被套期项目
20	1408	委托加工物资			四、所有者权益类
21	1411	周转材料	66	4001	实收资本（或股本）
22	1471	存货跌价准备	67	4002	资本公积
23	1501	债权投资	68	4101	盈余公积
24	1502	其他债权投资	69	4103	本年利润
25	1503	债权投资减值准备	70	4104	利润分配
26	1504	其他权益工具投资	71	4201	库存股
27	1511	长期股权投资			五、成本类
28	1512	长期股权投资减值准备	72	5001	生产成本
29	1521	投资性房地产	73	5101	制造费用
30	1531	长期应收款	74	5201	劳务成本
31	1532	未实现融资收益	75	5301	研发支出
32	1601	固定资产			六、损益类
33	1602	累计折旧	76	6001	主营业务收入
34	1603	固定资产减值准备	77	6051	其他业务收入
35	1604	在建工程	78	6101	公允价值变动损益
36	1605	工程物资	79	6102	资产处置损益
37	1606	固定资产清理	80	6111	投资收益
38	1701	无形资产	81	6301	营业外收入
39	1702	累计摊销	82	6401	主营业务成本
40	1703	无形资产减值准备	83	6402	其他业务成本

表2-1（续）

顺序号	编号	会计科目名称	顺序号	编号	会计科目名称
41	1711	商誉	84	6403	税金及附加
42	1801	长期待摊费用	85	6601	销售费用
43	1811	递延所得税资产	86	6602	管理费用
44	1901	待处理财产损溢	87	6603	财务费用
			88	6701	资产减值损失
		二、负债类	89	6702	信用减值损失
44	2001	短期借款	90	6711	营业外支出
45	2101	交易性金融负债	91	6801	所得税费用
46	2201	应付票据	92	6901	以前年度损益调整

会计准则应用指南指出：企业在不违反会计准则中确认、计量和报告规定的前提下，可以根据本单位的实际情况增设、分拆、合并会计科目，结合实际情况自行确定会计科目编号。

（二）建账流程

建账流程如图 2-4 所示。

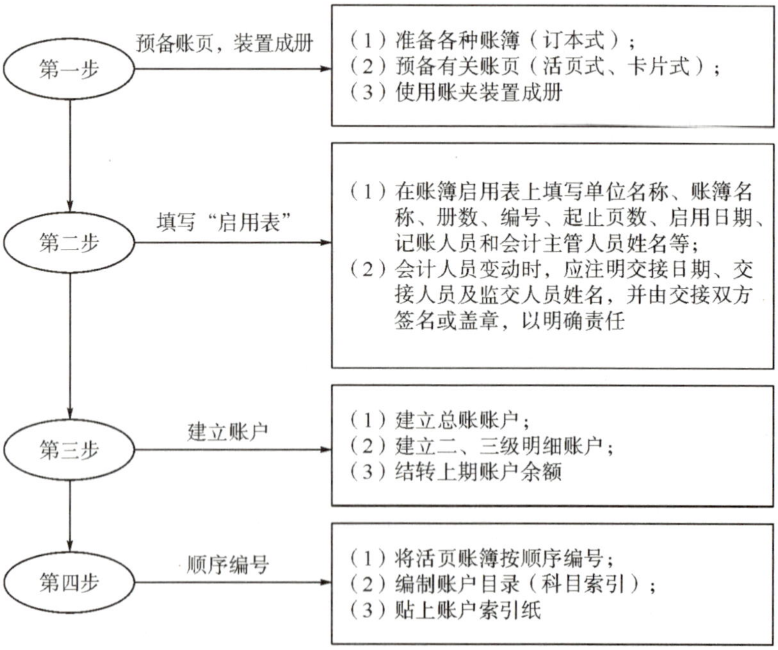

图 2-4　建账流程

（三）建账方法

1. “总账”建账方法

总账由会计主管建账，按照本案例公司业务的需要，共开设账户约 60 个，账页格式全部采用三栏式。

对于非损益类账户，应在账页表格内依次填写时间、摘要、余额及余额方向，摘要一般填写“期初余额”或者“月初余额”，借方金额和贷方金额不填。根据业务量预计每一个账户使用一张账页，如图 2-5 所示：

库存现金总账

总 60 页 第 1 页
会计科目：库存现金

2019 月	日	汇总凭证 种类	编号	摘要	借方金额（百十亿千百十万千百十元角分）	√	贷方金额（百十亿千百十万千百十元角分）	√	借或贷	余额（百十亿千百十万千百十元角分）
12	1			月初余额					借	962300
12	5	汇	1	1-5日发生额			80300		借	882000
12	10	汇	2	6-10日发生额	400000		981100		借	300900
12	20	汇	4	16-20日发生额	123400		36500		借	387800
12	25	汇	5	21-25日发生额			87600		借	300200
12	31	汇	6	26-31日发生额			50000		借	250200
				本月合计	523400		1235500		借	250200
				本年合计	523400		1235500		借	250200
				结转下年					借	250200

图 2-5　库存现金总账

为方便展示，图 2-6 只截取了部分账页建账部分。

库存现金总账

总 60 页 第 1 页
会计科目：库存现金

2019 月	日	汇总凭证 种类	编号	摘要	借方金额（百十亿千百十万千百十元角分）	√	贷方金额（百十亿千百十万千百十元角分）	√	借或贷	余额（百十亿千百十万千百十元角分）
12	1			月初余额					借	962300

银行存款总账

总 60 页 第 2 页
会计科目：银行存款

2019 月	日	汇总凭证 种类	编号	摘要	借方金额（百十亿千百十万千百十元角分）	√	贷方金额（百十亿千百十万千百十元角分）	√	借或贷	余额（百十亿千百十万千百十元角分）
12	1			月初余额					借	66600000

其他货币资金总账

总 60页 第 3 页
会计科目：其他货币资金

2019		汇总凭证		摘要	借方金额														贷方金额														借或贷	余额												
月	日	种类	编号		百	十	亿	千	百	十	万	千	百	十	元	角	分	~	百	十	亿	千	百	十	万	千	百	十	元	角	分	~		百	十	亿	千	百	十	万	千	百	十	元	角	分
12	1			月初余额																													借							4	0	0	0	0	0	0

图 2-6 部分账页建账示例

对于损益类账户，在账页表格内依次填写时间、摘要、借方金额、贷方金额、余额及余额方向，其摘要书写为“1~11 月发生额”，借方金额和贷方金额相同，余额为 0，余额方向填“平”。举例如下：

主营业务收入总账

总 60 页 第 45 页
会计科目：主营业务收入

2019		汇总凭证		摘要	借方金额														贷方金额														借或贷	余额												
月	日	种类	编号		百	十	亿	千	百	十	万	千	百	十	元	角	分	~	百	十	亿	千	百	十	万	千	百	十	元	角	分	~		百	十	亿	千	百	十	万	千	百	十	元	角	分
12	1			1-11月发生额				2	4	9	0	2	0	0	0	0	0					2	4	9	0	2	0	0	0	0	0		平											0		

主营业务成本总账

总 60 页 第 46 页
会计科目：主营业务成本

2019		汇总凭证		摘要	借方金额														贷方金额														借或贷	余额												
月	日	种类	编号		百	十	亿	千	百	十	万	千	百	十	元	角	分	~	百	十	亿	千	百	十	万	千	百	十	元	角	分	~		百	十	亿	千	百	十	万	千	百	十	元	角	分
12	1			1-11月发生额				1	9	6	4	9	7	0	0	0	0					1	9	6	4	9	7	0	0	0	0		平											0		

图 2-7 损益类账户总账示例

操作提示：找到对应的账页，在账页表头填写账户名称，编号和页码可以不填写，等装订完账簿后再统一填写。

2.“日记账”建账方法

日记账由出纳建账，账页格式为专用三栏式日记账。建账方法与总账中非损益类账户相同，如图 2-8 所示：

库存现金日记账

第 1 页

2019		凭证号数	摘要	对方科目	借方														贷方														借或贷	余额												
月	日				百	十	亿	千	百	十	万	千	百	十	元	角	分	√	百	十	亿	千	百	十	万	千	百	十	元	角	分	√		百	十	亿	千	百	十	万	千	百	十	元	角	分
12	1		月初余额																														借								9	6	2	3	0	0

银行存款日记账

第 2 页

2019			凭证号数	摘要	对方科目	借方（收入）金额														贷方（支出）金额														借或贷	余额												
月	日					百	十	亿	千	百	十	万	千	百	十	元	角	分	√	百	十	亿	千	百	十	万	千	百	十	元	角	分	√		百	十	亿	千	百	十	万	千	百	十	元	角	分
12	1			月初余额																														借						5	6	6	0	0	0	0	0

图 2-8 日记账格式举例

主体银行应建立“银行存款对账单”（简称“对账单”），对账单的作用在于定期与企业银行存款日记账进行核对，提高银行存款日记账的准确性。对账单的账户包括：“银行存款——基本存款户——工行”“银行存款——一般存款户——建行”，建账方法同上，区别在于对账单的余额在贷方，记账方向为贷增借减。由于本实训案例不涉及未达账项，所以对账单的余额与企业银行存款日记账的余额始终应相等，但是方向相反。

3. “明细账”建账方法

明细账分别由会计主管、出纳、资产核算会计、往来核算会计、成本费用核算会计建账，具体建账方法参考总账，应注意区分损益类账户和非损益类账户。其账页格式包括三栏式账页、数量金额式账页、多栏式账页，应根据账户的性质选择合适的账页建账。

“三栏式明细账”举例如图 2-9 所示：

应收账款明细账

总 51 页 分 13 页
一级科目：应收账款
明细科目：南海公司

2019		凭证	摘要	借方金额													✓	贷方金额													✓	借或贷	余额												
月	日	编号		百	十	亿	千	百	十	万	千	百	十	元	角	分		百	十	亿	千	百	十	万	千	百	十	元	角	分			百	十	亿	千	百	十	万	千	百	十	元	角	分
12	1		月初余额																													平											0		

主营业务收入明细账

总 51 页 分 34页
一级科目：主营业务收入
明细科目：甲产品

2019		凭证	摘要	借方金额													✓	贷方金额													✓	借或贷	余额												
月	日	编号		百	十	亿	千	百	十	万	千	百	十	元	角	分		百	十	亿	千	百	十	万	千	百	十	元	角	分			百	十	亿	千	百	十	万	千	百	十	元	角	分
12	1		1-11月累计发生额					5	8	5	2	0	0	0	0	0						5	8	5	2	0	0	0	0	0		平											0		

其他业务收入明细账

总 51 页 分 39页
一级科目：其他业务收入
明细科目：固定资产出租业务

2019		凭证	摘要	借方金额													✓	贷方金额													✓	借或贷	余额												
月	日	编号		百	十	亿	千	百	十	万	千	百	十	元	角	分		百	十	亿	千	百	十	万	千	百	十	元	角	分			百	十	亿	千	百	十	万	千	百	十	元	角	分
12	1		1-11月累计发生额							5	0	8	9	6	0	0								5	0	8	9	6	0	0		平											0		

图 2-9 三栏式明细账示例

“数量金额式明细账”举例如图 2-10 所示：

原材料明细账

总 62 页分 1 页
一级科目：原材料
明细科目：A材料

2019年		凭证编号	摘要	借方												贷方												余额											
				数量	单价	金额										数量	单价	金额										数量	单价	金额									
月	日					千	百	十	万	千	百	十	元	角	分			千	百	十	万	千	百	十	元	角	分			千	百	十	万	千	百	十	元	角	分
12	1		月初余额																									10000	15.44			1	5	4	4	0	0	0	0

图 2-10 数量金额式明细账示例

“多栏式明细账”举例如图 2-11 所示：

应交税费——应交增值税明细账

总 24 页 分 2 页

2019年 月	日	凭证编号	摘要	借方 进项税额	借方 转出未交增值税	借方 合计	贷方 销项税额	贷方 出口退税	贷方 进项税转出	贷方 合计	借或贷	余额
12	01		月初余额								平	0

财务费用明细账

会计科目名称：财务费用

2019 月	日	凭证编号	摘要	利息	银行手续费			合计
12	1		1-11月累计发生额	17035400	1124600			18160000
			1-11月结转利润额	17035400	1124600			18160000

销售费用明细账

总 27 页 分 12 页

会计科目名称：销售费用

2019 月	日	凭证编号	摘要	运输装卸费	包装费	展览费	广告费	其他		合计
12	1		1-11月累计发生额	2880900	42600000	5880000	35000000	981100		87342000
			1-11月结转利润额	2880900	42600000	5880000	35000000	981100		87342000

基本生产成本明细账

总27页 分 1 页

产品名称：生产成本-加工车间Y-1甲半成品

2019 月	日	凭证编号	摘要	半成品	直接材料	直接人工	制造费用	合计
12	1		月初余额		1000000	328000	415000	1743000

图 2-11 多栏式明细账

此外，仓库岗位根据期初资料中原材料、周转材料——包装物、周转材料——低值易耗品、库存商品等账户，开始登记存货数量账，只登记数量不登记金额。后续业务发生时，依据收料单、领料单、入库单和出库单等凭证记录各项存货的收发结存情况。存货数量账的数据应时刻与仓库实物数量保持一致，且定期与资产核算会计的相关账户进行核对。

各岗位建账完毕后，应立即进行对账，包括总账与日记账核对、总账与明细账核对，核对时应检查账户的完整性和准确性。在每个核对后的账户余额右侧打“√”，表示该账户已经核对无误。对账时注意交叉检查，尽量避免建账和对账都由同一个人完成，这样更能提高初始数据的准确性。

初始对账完成后，应分别将总账、日记账，以及各会计岗位负责的明细账账页按照顺序整理好，用账夹固定。总账由会计主管保管，日记账由出纳保管，明细账分成 5 本，分别由会计主管、出纳、资产核算会计、往来核算会计、成本费用核算会计保管，对账单由主体银行保管。

第二节　会计凭证操作指引

会计凭证是记录经济业务发生或者完成情况的书面证明，是登记账簿的依据。每个企业都必须按一定的程序填制和审核会计凭证，根据审核无误的会计凭证登记账簿，如实反映企业的经济业务。会计凭证按其编制程序和用途的不同，分为原始凭证和记账凭证。原始凭证又称单据，是在经济业务最初发生之时即开始填制的原始书面证明，如销货发票、电子回单等。记账凭证又称记账凭单，是以审核无误的原始凭证为依据，按照经济业务的事项的内容不同进行归类，并据以确定会计分录后所填制的会计凭证，它是登记账簿的直接依据。

一、原始凭证操作要点

（1）原始凭证的内容必须具备：凭证的名称；填制凭证的日期；填制凭证单位名称或者填制人姓名；经办人员的签名或者印章；接收凭证的单位名称；经济业务内容；数量、单价和金额。

（2）从外单位取得的原始凭证，必须盖有填制单位的公章；从个人处取得的原始凭证，必须有填制人员的签名或者印章。自制原始凭证必须有经办单位领导人或者其指定的人员签名或者印章。对外开出的原始凭证，必须加盖本单位公章。

（3）凡填有大写和小写金额的原始凭证，大写与小写金额必须相符。购买实物的原始凭证，必须有验收证明。支付款项的原始凭证，必须有收款单位和收款人的收款证明。

（4）一式几联的原始凭证，应当注明各联的用途，只能以一联作为报销凭证。一式几联的发票和收据，必须用双面复写纸（发票和收据本身具备复写纸功能的除外）套写，并连续编号。作废时应当加盖“作废”戳记，连同存根一起保存，不得撕毁。

（5）发生销货退回的，除填制退货发票外，还必须有退货验收证明；退款时，必须取得对方的收款收据或者汇款银行的凭证，不得以退货发票代替收据。

（6）职工借款凭据，必须附在记账凭证之后。收回借款时，应当另开收据或者退还借据副本，不得退还原借款收据。

（7）经上级有关部门批准的经济业务，应当将批准文件作为原始凭证附件。如果批准文件需要单独归档的，应当在凭证上注明批准机关名称、日期和文件字号。

（8）会计机构、会计人员必须按照国家统一的会计制度的规定对原始凭证进行审核，对不真实、不合法的原始凭证有权不予接受，并向单位负责人报告；对记载不准确、不完整的原始凭证予以退回，并要求其按照国家统一的会计制度的规定更正、补充。

（9）原始凭证记载的各项内容均不得涂改；原始凭证有错误的，应当由出具单位重开或者更正，更正处应当加盖出具单位印章。原始凭证金额有错误的，应当由出具单位重开，不得在原始凭证上更正。

（10）一般情况下，记账凭证必须附有原始凭证并注明张数。原始凭证的张数按自然张数计算（原始凭证汇总表应计算在内，原始凭证粘贴纸不应计算）。如果一张原始凭证涉及几张记账凭证，可以把原始凭证附在一张主要的记账凭证后面，并在其他记账凭证上注明附有该原始凭证的记账凭证的编号或者附原始凭证复印件。更正错误或结账、调账的记账凭证，可以不附原始凭证，但应说清楚调整事项。

（11）外来原始凭证如有遗失，应取得原填制单位盖章证明，并注明原始凭证编号金额和内容等，经单位领导人批准后，才能将证明作原始凭证。例如，确实无法取得证明的火车、汽车、轮船、飞机票等，由当事人写出详细情况说明，经单位领导人批准后，将该情况说明作为原始凭证。

（12）附在办理收付款项的记账凭证后的原始凭证，在办理完收付款项后，必须加盖“收讫”“付讫”戳记。

（13）附在记账凭证之后的原始凭证，应折叠、粘贴整齐，对小于记账凭证的原始凭证（如火车、汽车、飞机、轮船票等），要粘贴在与记账凭证一样大小的原始凭证粘贴单上。对于数量较多的原始凭证，如收料单、发料单等，可以单独装订保管，在封面上注明记账凭证日期、编号、种类，同时在记账凭证上注明“附件另订”字样、原始凭证名称和编号。各种经济合同、存出保证金收据及涉外文件等重要原始凭证，应另行编制目录，单独登记保管，并在有关记账凭证和原始凭证上相互注明日期和编号。

二、记账凭证操作要点

记账凭证是会计人员根据审核无误的原始凭证或汇总原始凭证，来确定经济业务应借、应贷的会计科目和金额而填制的，并作为登记账簿直接依据的会计凭证。在登记账簿之前，应按实际发生经济业务的内容编制会计分录，然后据以登记账簿，在实际工作中，会计分录是通过填制记账凭证来完成的。记账凭证必须具备以下基本内容：记账凭证的名称及填制单位名称，填制记账凭证的日期，记账凭证的编号，经济业务事项的内容摘要，经济业务事项所涉及的会计科目及其记账方向，经济业务事项的金额，所附原始凭证张数，会计主管、记账、审核、出纳、制单等有关人员的签章。

记账凭证编制时必须遵循以下原则：

（1）会计科目必须做到“有借必有贷”，金额必须做到“借贷必相等”。

（2）要根据业务内容填写正确的摘要。

填制记账凭证时应注意以下要点：

（1）记账凭证的内容必须具备：填制凭证的日期、凭证编号、经济业务摘要、会计科目、金额、所附原始凭证张数；填制凭证人员、稽核人员、记账人员、会计机构负责人、会计主管人员签名或者盖章。收款和付款记账凭证还应当由出纳人员签名或者盖章。以自制的原始凭证或者原始凭证汇总表代替记账凭证的，也必须具备记账凭证应有的项目。

（2）填制记账凭证时，注意记账凭证摘要应简明扼要，能说明问题；填制会计科目时应先填写借方科目，后填写贷方科目，且借方金额合计与贷方金额合计应当一致；每张记账凭证只能反映一项经济业务，少数特殊业务除外；记账凭证合计金额数字前必须填写人民币符号；应当对记账凭证进行连续编号。一笔经济业务需要填制两张以上记账凭证的，可以采用分数编号法编号。

（3）记账凭证可以根据单张原始凭证进行填制，或者根据若干张同类原始凭证进行汇总填制，也可以根据原始凭证汇总表进行填制。但不得将不同内容和不同类别的原始凭证汇总填制在一张记账凭证上。

（4）除结账和更正错误的记账凭证可以不附原始凭证外，其他记账凭证必须附有原始凭证。如果一张原始凭证涉及几张记账凭证，可以把原始凭证附在一张主要的记账凭证后面，并在其他记账凭证上注明附有该原始凭证的记账凭证的编号或者原始凭证复印件。

（5）如果在填制记账凭证时发生错误，应当重新填制。已经登记入账的记账凭证，在当年内发现填写错误时，可以用红字填写一张与原内容相同的记账凭证，在摘要栏注明“注销某月某日某号凭证”字样，同时再用蓝字重新填制一张正确的记账凭证，注明“订正某月某日号凭证”字样。如果会计科目没有错误，只是金额错误，也可以将正确数字与错误数字之间的差额，另编一张调整的记账凭证，调增金额用蓝字，调减金额用红字。发现以前年度记账凭证有错误的，应当用蓝字填制一张更正的记账凭证。

（6）记账凭证填制完经济业务事项后，如有空行，应当自金额栏最后一笔金额数字下的空行处至合计数上的空行处划线注销。

填制记账凭证，字迹必须清晰、工整。

通用记账凭证填制示例如图 2-12 所示：

记 账 凭 证

2007 年 12 月 08 日　　　　顺序号第 15 号

摘要	总账科目	明细科目	√	借方（千百十万千百十元角分）	贷方（千百十万千百十元角分）	附件
张彬报销差旅费	管理费用	差旅费		193000		附件
	库存现金			7000		
	其他应收款	张彬			200000	5
						张
合	计			¥200000	¥200000	

会计主管　　记账　　稽核 唐华　　填制 张英

图 2-12　通用记账凭证示例

注：①“年月日”栏，填列记账凭证的填制日期；②“第×号”，填列记账凭证的顺序编号；③“摘要”栏，注明该项业务的简要说明；④“一级科目”和“明细科目”栏，分别填列会计科目的一级科目与具体明细科目；⑤经济业务所涉及的会计科目全在凭证内填列，格式与会计分录一致，即借方科目写在上面，贷方科目写在下面；⑥应借、应贷科目的金额分别填列在“借方金额”或“贷方金额”栏内；⑦借方金额、贷方金额合计应该相等；⑧“附单据×张”，填列所附原始凭证的张数；⑨“√”为记账符号；⑩“财务主管”“记账”“出纳”“审核”“制单”处，分别由相关人员签名或盖章。

三、常用原始凭证填制示例

1. 增值税专用发票

增值税专用发票是增值税一般纳税人在发生销售货物、劳务、服务、无形资产和不动产业务时开具的发票，是购买方支付增值税额并可按照增值税有关规定据以抵扣增值税进项税额的凭证。增值税专用发票分为纸质发票和电子发票。

增值税纸质专用发票的基本联次为三联：发票联、抵扣联和记账联。发票联是购买方核算采购成本和增值税进项税额的记账凭证；抵扣联是购买方报送主管税务机关认证确认[①]和留存备查的凭证；记账联是销售方核算销售收入和增值税销项税额的记账凭证。增值税电子专用发票，属于增值税专用发票，其法律效力、基本用途、基本使用规定等与增值税纸质专用发票相同。

增值税专用发票通常只限于增值税一般纳税人领用使用，自 2020 年 2 月 1 日起，增值税小规模纳税人（其他个人除外）发生增值税应税行为，需要开具增值税专用发票的，可以自愿使用增值税发票管理系统自行开具。未选择自行开具增值税专用发票的小规模纳税人，可以向税务机关申请为其代开增值税专用发票；选择自行开具增值税专用发票的小规模纳税人，税务机关不再为其代开增值税专用发票。

在开具发票时，企业应当按照规定的时限，做到按照号码顺序填开，填写项目齐全，内容真实，字迹清楚，全部联次一次打印，内容完全一致，并在发票联和抵扣联加盖发票专用章。注意：增值税电子专票采用电子签名代替原纸质发票上的发票专用章。本次实训采用纸质专用发票。

增值税专用发票应按下列要求开具：

①项目齐全，与实际交易相符；

②字迹清楚，不得压线、错格；

③发票联和抵扣联加盖发票专用章；

④按照增值税纳税义务的发生时间开具。

不符合上述要求的增值税专用发票，购买方有权拒收。

增值税纸质及电子专用发票示例如图 2-13 所示、图 2-14 所示。

---

① 编者注：自 2020 年 1 月起，取消认证确认，改为通过本省（自治区、直辖市和计划单列市）增值税发票综合服务平台对扣税凭证信息进行用途确认。

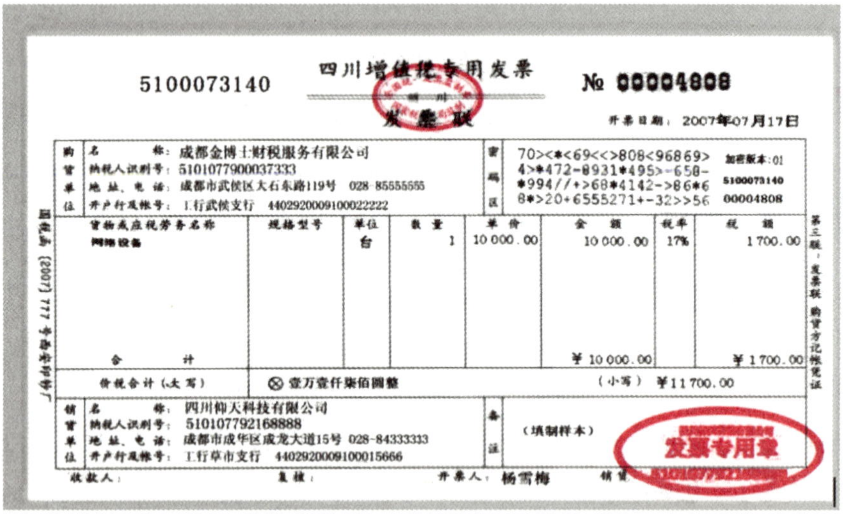

5100073140　四川增值税专用发票　№ 00004808

发票联

开票日期：2007年07月17日

购货单位
名　　称：成都金博士财税服务有限公司
纳税人识别号：510107790003733
地址、电话：成都市武侯区大石东路119号　028-85555555
开户行及帐号：工行武侯支行　440292000910002222

密码区
70><*<69<<>808<96869>
4>*472-8931*495>-658-
*994//+>68*4142->86*6
8*>20+6555271+-32>>56
加密版本：01
5100073140
00004808

货物或应税劳务名称	规格型号	单位	数量	单价	金额	税率	税额
网络设备		台	1	10 000.00	10 000.00	17%	1 700.00
合　计					¥10 000.00		¥1 700.00
价税合计（大写）	⊗壹万壹仟柒佰圆整				（小写）¥11 700.00		

销货单位
名　　称：四川仰天科技有限公司
纳税人识别号：510107792168888
地址、电话：成都市成华区成龙大道15号　028-84333333
开户行及帐号：工行草市支行　440292000910001566

备注：（填制样本）

收款人：　复核：　开票人：杨雪梅　销货单位（章）

第三联：发票联　购货方记帐凭证

国税函〔2007〕777号成都印钞厂

图 2-13　增值税纸质专用发票示例

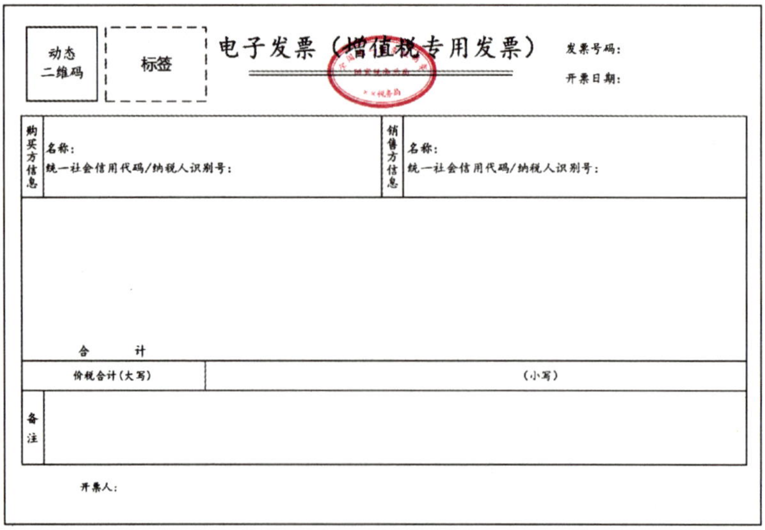

动态二维码　标签

电子发票（增值税专用发票）

发票号码：
开票日期：

购买方信息
名称：
统一社会信用代码/纳税人识别号：

销售方信息
名称：
统一社会信用代码/纳税人识别号：

合　计

价税合计（大写）　（小写）

备注

开票人：

图 2-14　增值税电子专用发票示例

2. 增值税普通发票

增值税普通发票是相对于增值税专用发票而言的，它是增值税小规模纳税人销售货物、劳务、服务、无形资产和不动产开具的发票，一般纳税人在销售货物或者提供应税劳务而不能开具增值税专用发票时，也可以使用增值税普通发票（纸质发票和电子发票），如图 2-15、图 2-16 所示。

5300178888　　云南增值税普通发票　　№ 12671828

5300178617
12888844

机器编号：
658889227984　　此联不作报销、扣税凭证使用　　开票日期：2019年12月13日

购买方	名称：贵州腾隆房地产开发有限公司 纳税人识别号：91520160013214241T 地址、电话：贵州省贵阳市云岩区解放路5号 0851-4133888 开户行及账号：中国农业银行贵阳市北城支行 511785270043991				密码区	31-256666/15+*0+0<4091-55389 1727>-/02*00>896-10835969-6< 27>-/066/15+*0+0<4091-55389- +93697-83601517>6281269<5/70		
货物或应税劳务、服务名称	规格型号	单位	数量	单价	金额	税率	税额	
塑钢窗		平方米	168	355	59 640.00	1%	596.40	
合　计					¥59 640.00		¥596.40	
价税合计（大写）	⊗ 陆拾柒万叁仟玖佰叁拾贰元整				（小写）¥60 236.40			
销售方	名称：春和柏舟门窗有限公司 纳税人识别号：915201666666454U34 地址、电话：云南省春和市东拓区康城路185号 0871-65888888 开户行及账号：华夏银行春和市浅水支行 10758000008888888				备注	刘营小区订制		

收款人：钱朵朵　　复核：张方　　开票人：钱朵朵　　销售方：（章）

税总函[2017]888号北京市大龙印务有限公司

第一联：记账联　销售方记账凭证

图 2-15　增值税普通发票（纸质发票）

动态二维码
货物运输服务
电子发票（　　　）
发票号码：
开票日期：
购买方信息　名称：
统一社会信用代码/纳税人识别号：
销售方信息　名称：
统一社会信用代码/纳税人识别号：
项目名称　单位　数量　单价　金额　税率/征收率　税额
合　计
运输工具种类　运输工具牌号　起运地　到达地　运输货物名称
价税合计（大写）　（小写）
备注
开票人：

图 2-16　增值税普通发票（电子发票）

注：增值税普通发票为一式二联：其中第一联是“记账联”，作为企业的销货记账凭证；第二联是“发票联”，作为买方的购货记账凭证。

3. 收料单

收料单示例如图 2-17 所示。

收料单　　第 001 号

（三联式）

2019 年 01 月 02 日

供应者：上海同乐乳业有限责任公司								2010 年 01 月 02 日收到
材料名称	计量单位	送验数量	实收数量	计划		实际		运费
				单价	金额	单价	金额	
奶油	吨	9	9	1 000	9 000	1 100	9 900	500.00
质检员　李章法		验收人　赖志睿						

第三联财务联

经办人：秦宗羽　　制单：赖志睿

图 2-17　收料单示例

注：若企业采用计划成本法核算原材料，填写收料单时应填写计划金额和实际金额。

收料单为一式三联，由采购员（业务员）据实填写。

存根（第一联）：由采购员（业务员）留存；

保管（第二联）：交给仓库留存；

财务（第三联）：交给资产会计作为记账原始凭证。

4. 领料单

领料单示例如图 2-18 所示。

领料单

领料部门：饮料车间　　（三联式）

用途：生产领料　　2019 年 1 月 30 日　　第 004 号

材料名称	计量单位	数量		单价 /元	成本/元
		请领	实发		
易拉罐	个	50 000	50 000. 00	0. 50	25 000. 00
塑料瓶	个	45 000	45 000	0. 40	18 000. 00

第三联财务联

审批：韦振华　　领料人：屠琳　　制单人：何洪贤

图 2-18　领料单示例

领料单为一式三联，由领料部门（生产部等）据实填写。

保管（第一联）：由给仓库留存；

领料（第二联）：由领料部门留存；

财务（第三联）：交给资产或者成本费用会计作为记账原始凭证。

5. 入库单

入库单为一式三联，由生产部完工入库时填写。

存根（第一联）：由生产部留存；

保管（第二联）：由仓库留存；

记账（第三联）：交给资产会计或成本会计作为记账原始凭证。

产成品入库单示例如图 2-19 所示。

产成品入库单

（三联式）

生产车间：饼干车间　　2019 年 01 月 31 日　　第 001 号

产品名称	规格型号	计量单位	数量	单位成本/元	金额
奶油苏打饼干	2kg	盒	22 500		
鸡蛋桃酥饼干	2kg	盒	30 000		
合计					
备注：					

第三联财务联

经办人：李明高　　保管员：元陶超

图 2-19　产成品入库单示例

6. 出库单

出库单为一式三联，由销售员（业务员）填写。

存根（第一联）：由销售员（业务员）留存；

保管（第二联）：由仓库留存；

记账（第三联）：交给资产会计作为记账原始凭证。

产成品出库单示例如图 2-20 所示。

产成品出库单

（三联式）

提货部门：销售部　　　　2019 年 01 月 25 日　　　　第 006 号

产品名称	规格型号	计量单位	数量	单位成本/元	成本总额/元
鸡蛋桃酥饼干	2kg	盒	26 000		
奶油苏打饼干	2kg	盒	25 000		
芒果汁饮料	1L	瓶	15 000		
合计					

第三联财务联

部门主管：周风军　　　　提货人：陈桂林　　　　保管员：杨劲松

图 2-20　产成品出库示例

7. 电子回单

（1）电子回单是反映企业银行账户上资金流动的凭证。电子回单是可以用来证明公司或者个人账户的收钱付钱凭证、反映公司或者个人账户余额的凭证，是用来做账的原始凭证。

（2）电子回单的特点和优势：

电子回单是银行为网上银行客户提供的以电子化方式查询、打印和补打回单的一种功能。企业可以使用银行网上银行电子回单查询功能查询个人或是企业用户在进行网上交易时的收付款交易的详细交易信息。

电子回单不但记载了客户收、付款交易详细交易信息，还加盖了银行电子回单专用章，另外，电子回单上还标注了电子回单验证码以确保电子回单的真实性以及可认证性。

银行提供 24 小时全天候账户电子回单查询功能。通过电子回单查询和打印功能，企业不但可以轻松完成各类交易的账务处理，同时还可以通过银行网站主页上的电子回单验证功能验证电子回单的真伪。电子回单为企业规避交易风险又提供了一个重要手段。

（3）电子回单的申办条件：

①通过在柜台申请注册成为银行网上银行证书版客户，企业便可使用网上银行电子回

单查询功能。

②任何在银行开立结算账户的个人、企业和团体都可以通过柜台注册使用本功能，集团客户如果想查询各分支机构的电子回单，必须先获得各分支机构的账户查询授权。

（4）打印电子回单注意事项：

①目前银行的电子回单不能作为收款方的发货依据。

②电子回单只能申请一次。如果要补打，用户只能在账户管理功能区的回单查询功能进行查询或补打。

③用户不能对当日明细或者历史明细中的同一笔指令重复产生电子回单。

④用户只能对其使用的企业网上银行客户证书申请的电子回单进行补打。

某银行电子回单示例如图 2-21 所示。

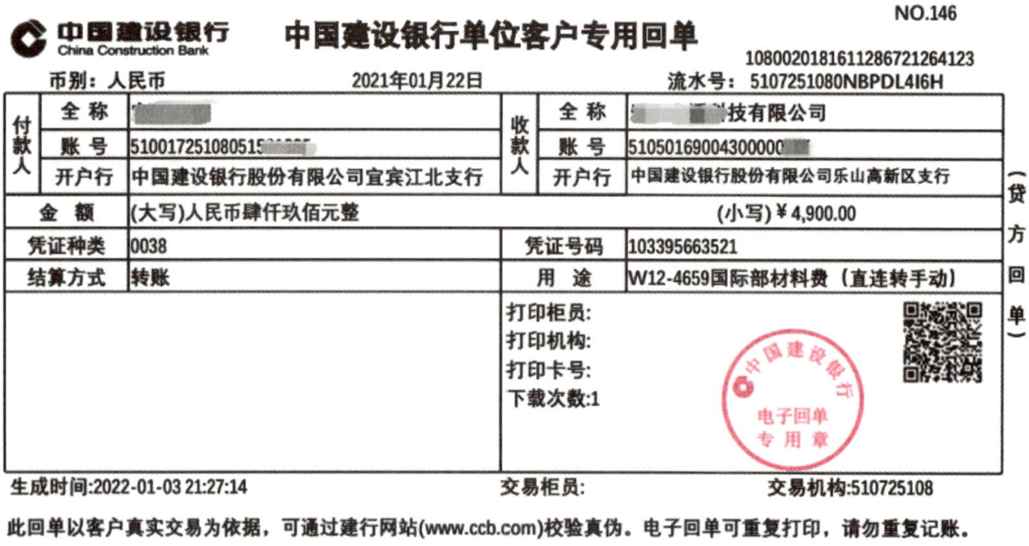

中国建设银行 China Construction Bank　　中国建设银行单位客户专用回单　　NO.146

1080020181611286721264123

币别：人民币　　2021年01月22日　　流水号：5107251080NBPDL4I6H

付款人	全 称	[redacted]	收款人	全 称	[redacted]技有限公司
	账 号	5100172510805l5[redacted]		账 号	51050169004300000[redacted]
	开户行	中国建设银行股份有限公司宜宾江北支行		开户行	中国建设银行股份有限公司乐山高新区支行
金 额		(大写)人民币肆仟玖佰元整			(小写)¥4,900.00
凭证种类		0038	凭证号码		103395663521
结算方式		转账	用 途		W12-4659国际部材料费（直连转手动）
			打印柜员: 打印机构: 打印卡号: 下载次数:1		

（贷方回单）

中国建设银行 电子回单专用章

生成时间:2022-01-03 21:27:14　　交易柜员:　　交易机构:510725108

此回单以客户真实交易为依据，可通过建行网站(www.ccb.com)校验真伪。电子回单可重复打印，请勿重复记账。

图 2-21　电子回单示例

注：本次实训中无法模拟企业自行打印电子回单，实训中的电子回单统一由银行填写完电子回单盖章后交给客户。

8. 支票

支票是出票人签发的，委托办理存款业务的银行或其他金融机构，在见票时无条件支付确定的金额给收款人或者持票人的票据。支票分为现金支票、转账支票、普通支票 3 种。

现金支票只能用于支取现金，它可以由存款人签发用于到银行为本单位提取现金，也可以签发给其他单位和个人用来办理结算或者委托银行代为支付现金给收款人。

转账支票只能用于转账，它适用于存款人给同一城市范围内的收款单位划转款项，以办理商品交易、劳务供应、清偿债务和其他往来款项结算。

普通支票可以用于支取现金，也可以用于转账。但在普通支票左上角划两条平行线的，为划线支票，只能用于转账，不能用于支取现金。

（1）现金支票结算流程。

①用现金支票提取现金时，由本单位出纳人员签发现金支票并加盖银行预留印鉴后，到开户银行提取现金。其基本流程如图 2-22 所示：

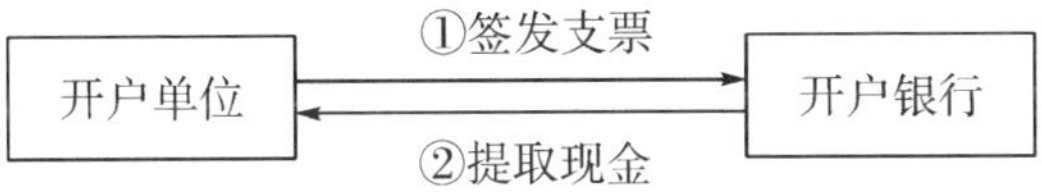

图 2-22　现金支票结算流程

②用现金支票向外单位或个人支付现金时，由付款单位出纳人员签发现金支票并加盖银行预留印鉴和注明收款人后交收款人，收款人持现金支票到付款单位开户银行提取现金，并按照银行的要求交验有关证件。其基本流程如图 2-23 所示：

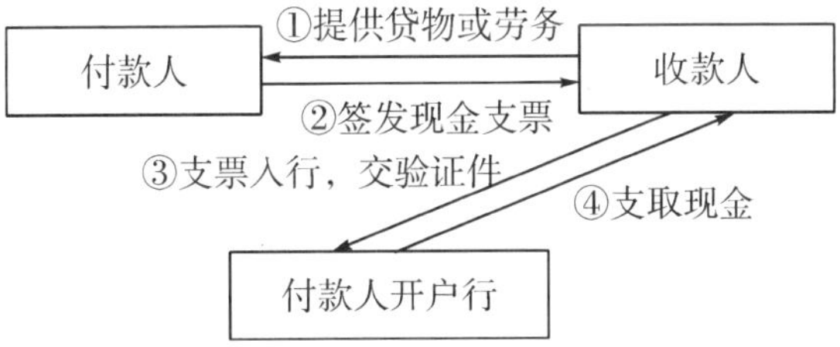

图 2-23　用现金支票支付现金的流程

（2）转账支票结算流程。

①付款人签发转账支票交收款人办理结算。其基本程序如图 2-24 所示：

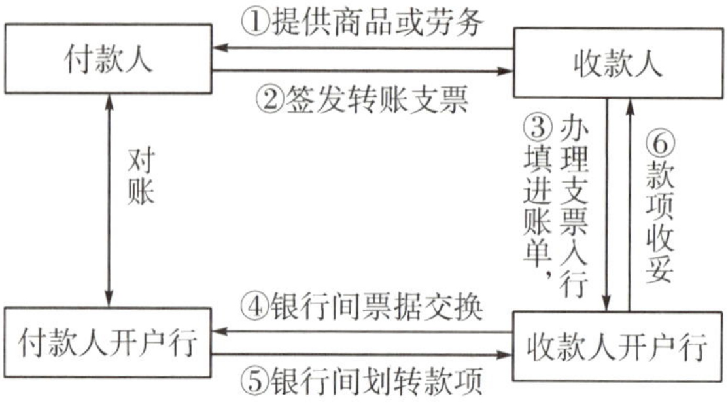

图 2-24　转账支票结算流程

②付款人签发转账支票直接送开户银行办理款项划拨的，其基本程序如图 2-25 所示：

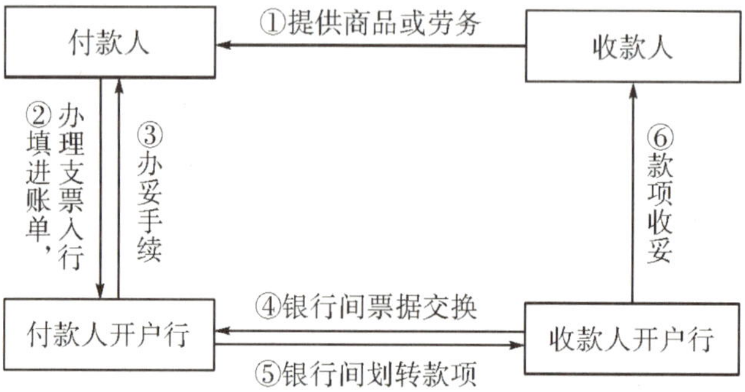

图 2-25　转账支票划拨款项流程

（3）填写示例。现金支票和转账支票的填写示例分别见图 2-26 和图 2-27。

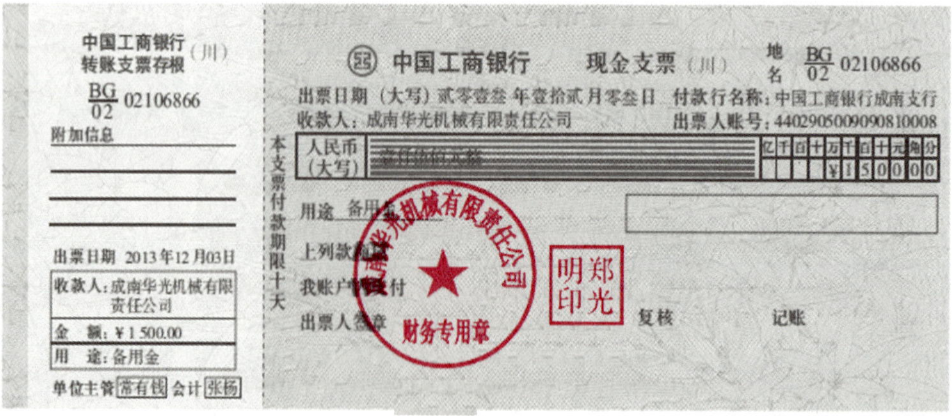
中国工商银行 转账支票存根（川）
BG/02 02106866
附加信息
出票日期 2013年12月03日
收款人：成南华光机械有限责任公司
金 额：¥1 500.00
用 途：备用金
单位主管 常有钱 会计 张扬

中国工商银行 现金支票（川） 地名 BG/02 02106866
出票日期（大写）贰零壹叁年壹拾贰月零叁日 付款行名称：中国工商银行成南支行
收款人：成南华光机械有限责任公司 出票人账号：44029050090908 10008
本支票付款期限十天
人民币（大写）
亿 千 百 十 万 千 百 十 元 角 分
¥ 1 5 0 0 0 0
用途 备用金
上列款项请从
我账户内支付
出票人签章
成南华光机械有限责任公司 财务专用章
郑明 光印
复核 记账

图 2-26　现金支票填写示例

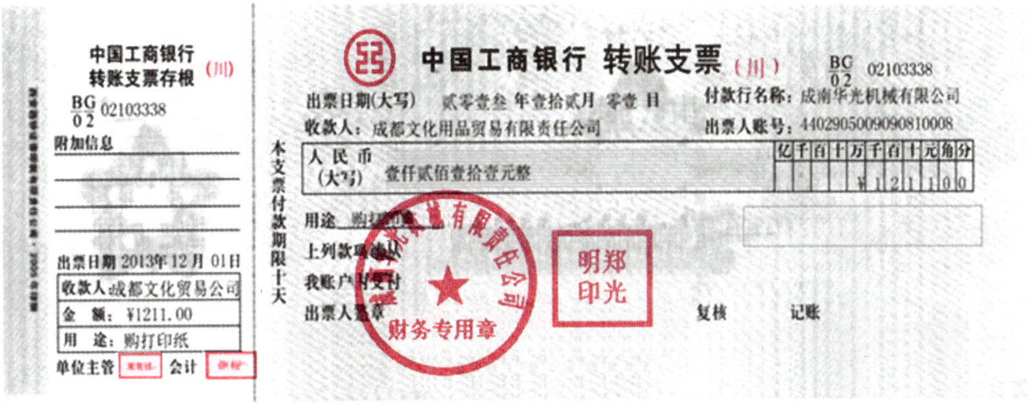

图 2-27　转账支票填写示例

9. 银行进账单

银行进账单示例如图 2-28 所示。

中国工商银行 进 账 单 （收账通知） 3

2007 年 07 月 17 日

出票人	全　称	成都金博士财税服务有限公司	收款人	全　称	四川仰天科技有限公司
	账　号	4402920009100015888		账　号	4402920009100015666
	开户银行	工行武侯支行		开户银行	工行草市支行
金额	人民币（大写）	壹万壹仟柒佰元整		亿千百十万千百十元角分	¥1170000
票据种类	转账支票	票据张数	1		
票据号码	02131371				
复核　记账				收款人开户银行签章	

此联是收款人开户银行交给收款人的收账通知

图 2-28　银行进账单示例

注：支票入行时，须填制银行进账单。银行进账单为一式三联，第一联为回单联，此联是开户银行交给持（出）票人的回单；第二联为贷方凭证，此联由收款人开户银行作贷方凭证；第三联为收账通知，此联是转账支票的钱到收款人账户以后的回单联，是收款人做账用的。

10. 电汇

电汇是付款人将一定款项交存汇款银行，汇款银行通过电报或电话传给目的地的分行或代理行（汇入行），指示汇入行向收款人支付一定金额的一种交款方式。

电汇的结算流程如图 2-29 所示：

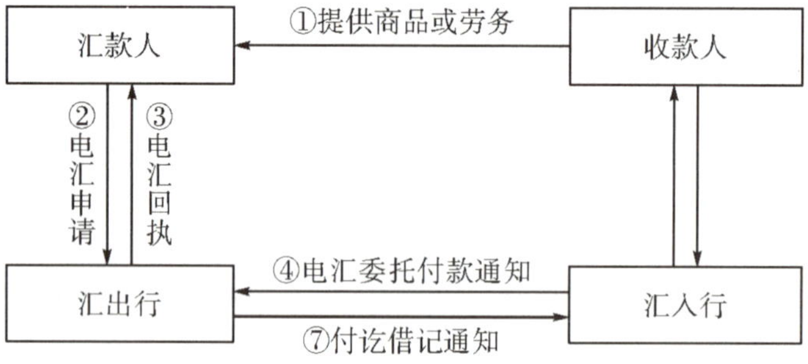

图 2-29　电汇的结算流程

电汇的填写示例如图 2-30 所示。

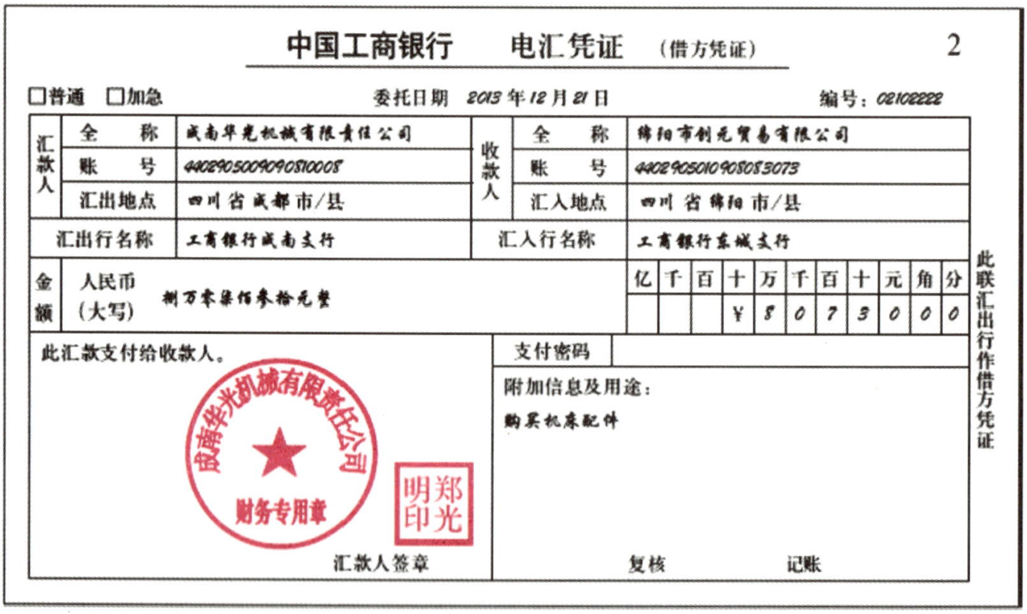

中国工商银行　电汇凭证（借方凭证）　2

□普通　□加急　　委托日期 2013 年 12 月 21 日　　编号：02102222

汇款人	全称	成南华光机械有限责任公司	收款人	全称	绵阳市创元贸易有限公司
	账号	4402905009090810008		账号	4402905010908083073
	汇出地点	四川省成都市/县		汇入地点	四川省绵阳市/县
汇出行名称		工商银行成南支行	汇入行名称		工商银行东城支行

金额	人民币（大写）	亿	千	百	十	万	千	百	十	元	角	分
	捌万零柒佰叁拾元整				¥	8	0	7	3	0	0	0

此汇款支付给收款人。

成南华光机械有限责任公司 财务专用章　郑光明印

汇款人签章

支付密码

附加信息及用途：

购买机床配件

复核　记账

此联汇出行作借方凭证

图 2-30　电汇的填写示例

11. 银行承兑汇票

银行承兑汇票由在承兑银行开立存款账户的存款人签发，并与承兑银行签订承兑协议，由银行在指定日期无条件支付确定的金额给收款人或持票人的票据。银行承兑汇票的出票人应于汇票到期前将票款足额交存至其开户银行，如果在汇票到期日未能足额交存票款时，承兑银行除凭票向持票人无条件付款外，对出票人尚未支付的汇票金额将按照每天万分之五计收利息。

银行承兑汇票结算流程如图 2-31 所示：

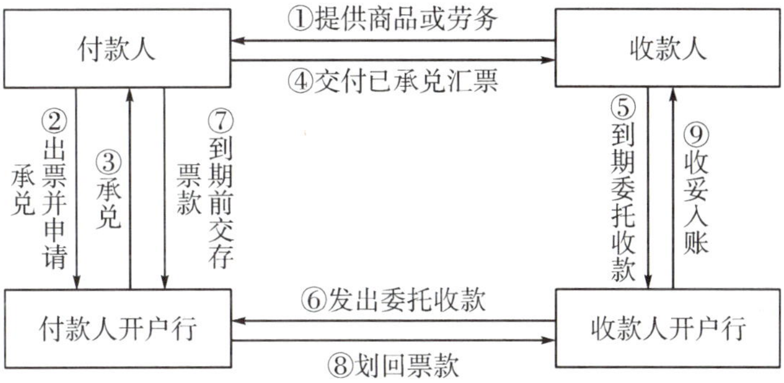

图 2-31　银行承兑汇票结算流程

银行承兑汇票填制示例如图 2-32 所示：

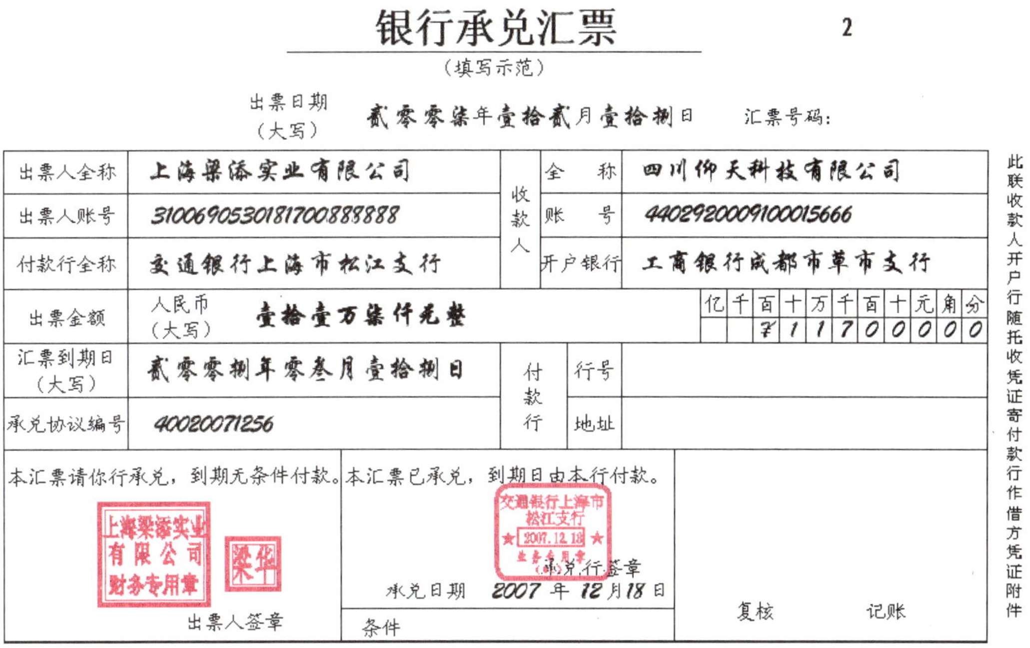

银行承兑汇票　2

（填写示范）

出票日期（大写）　贰零零柒年壹拾贰月壹拾捌日　　汇票号码：

出票人全称	上海梁添实业有限公司	收款人	全　称	四川仰天科技有限公司
出票人账号	31006905301817008888888	收款人	账　号	4402920009100015666
付款行全称	交通银行上海市松江支行	收款人	开户银行	工商银行成都市草市支行
出票金额	人民币（大写）壹拾壹万柒仟元整		亿千百十万千百十元角分	¥11700000
汇票到期日（大写）	贰零零捌年零叁月壹拾捌日	付款行	行号	
承兑协议编号	40020071256	付款行	地址	
本汇票请你行承兑，到期无条件付款。上海梁添实业有限公司财务专用章　梁华　出票人签章	本汇票已承兑，到期日由本行付款。交通银行上海市松江支行 2007.12.18 业务专用章　承兑行签章　承兑日期 2007 年 12 月 18 日　条件		复核　记账	

此联收款人开户行随托收凭证寄付款行作借方凭证附件

图 2-32　银行承兑汇票填制示例

注：银行承兑汇票为一式三联。第一联为卡片，由承兑银行作为底卡进行保存；第二联由收款人开户行向承兑银行收取票款时作为联行往来账付出传票；第三联为存根联，由签发单位保存，用于编制有关凭证。

12. 托收凭证

凡在银行或其他金融机构开立账户的单位和个体经济户的商品交易，以及公共事业单位向其收取水电费、邮电费、煤气费、公房租金等劳务款项以及其他应收款项，无论是在同城还是异地，这些单位和个人均可使用委托收款的结算方式。

（1）单位和个人凭已承兑的商业汇票、债券、存单等付款人债务证明办理委托收款结算；

（2）同城范围内收款人收取公用事业费用使用同城特约委托收款，同城、异地均可使用委托收款；

（3）款项的划回方式分为邮划和电划两种；

（4）企业委托开户银行收款时，应填制一式五联的托收凭证并提供有关的债务证明，到银行办妥托收手续；

（5）付款单位收到银行交给的托收凭证及债务证明，应签收并在 3 天之内审查债务证明是否真实，确认之后通知银行付款。

托收结算程序如图 2-33 所示：

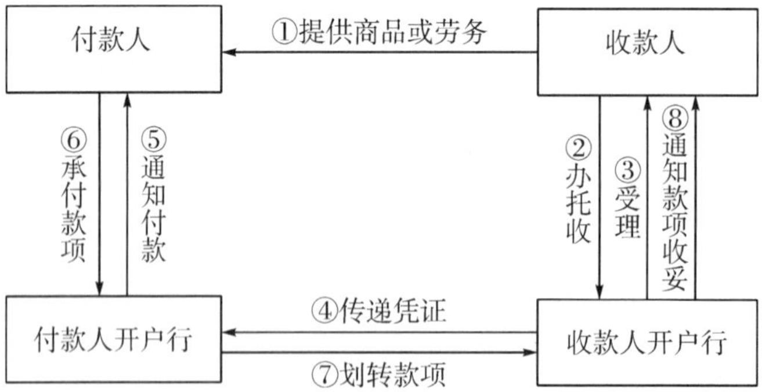

图 2-33　托收结算程序

托收凭证填制范例如图 2-34 所示：

托收凭证（受理回单）　　1　　（填写示范）

委托日期　2007 年 12 月 18 日

<table>
<tr><td colspan="2">业务类型</td><td colspan="8">委托收款（ □ 邮划、 ☑ 电划 ）　托收承付（ □ 邮划、 □ 电划 ）</td></tr>
<tr><td rowspan="3">付款人</td><td>全　称</td><td colspan="3">上海梁添实业有限公司</td><td rowspan="3">收款人</td><td>全　称</td><td colspan="3">四川仰天科技有限公司</td></tr>
<tr><td>账　号</td><td colspan="3">31006905301817008888 8</td><td>账　号</td><td colspan="3">44029200091000 15666</td></tr>
<tr><td>地　址</td><td>省 上海 市/县</td><td>开户行</td><td>松江支行</td><td>地　址</td><td>四川省 成都 市/县</td><td>开户行</td><td>草市支行</td></tr>
<tr><td>金额</td><td>人民币（大写）</td><td colspan="5">壹万壹仟柒佰元整</td><td colspan="3">亿 千 百 十 万 千 百 十 元 角 分
　　　 ￥ 1 1 7 0 0 0 0</td></tr>
<tr><td colspan="2">款项内容</td><td>货款</td><td>托收凭证名称</td><td colspan="3">销货发票</td><td>附寄单证张数</td><td colspan="2">2</td></tr>
<tr><td colspan="2">商品发运情况</td><td colspan="4">已发运</td><td colspan="2">合同名称号码</td><td colspan="2">销字 20081255</td></tr>
<tr><td colspan="3">备注：

复核　　　记账</td><td colspan="3">款项收妥日期

年　月　日</td><td colspan="4">（印章：中国工商银行成都市草市支行 2007.12.18 业务）
收款人开户银行签章
2007 年 12 月 18 日</td></tr>
</table>

此联作收款人开户银行给收款人的受理回单

图 2-34　托收凭证填写范例

注：托收凭证一式五联，第一联为回单，是收款单位开户银行给收款单位的回单联；第二联为贷方凭证，它是收款单位委托开户银行办理托收款项后的贷方凭证；第三联为借方凭证，它是付款单位开户银行支付货款的借方凭证联；第四联为收账通知，它是收款单位开户银行在款项收妥后，给付款单位的收账通知联；第五联为承付支款通知，是付款单位开户银行通知付款单位按期承付货款的承付通知。

13. 银行汇票

银行汇票是指由出票银行签发的，由其在见票时按照实际结算金额无条件付给收款人或者持票人的票据。银行汇票的出票银行为经中国人民银行批准办理银行汇票的银行。银行汇票多用于办理异地转账结算和支取现金，银行在见票时，按照实际结算金额无条件支付给收款人或持票人的票据。银行汇票有使用灵活、票随人到、兑现性强等特点，适用于先收款后发货或钱货两清的商品交易。

银行汇票的结算流程如图 2-35 所示：

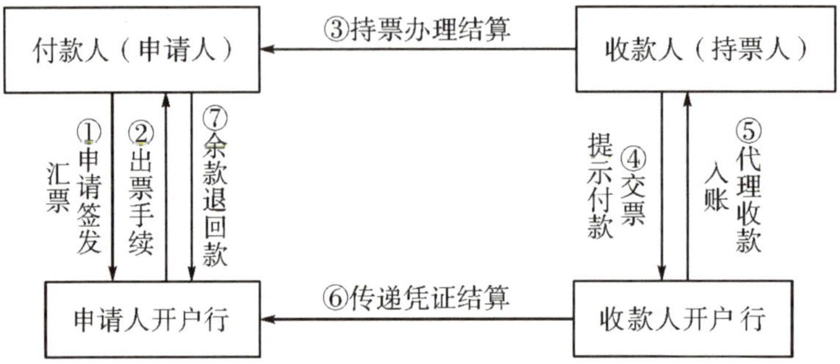

图 2-35　银行汇票的结算流程

银行汇票的填制示例如图 2-36 所示：

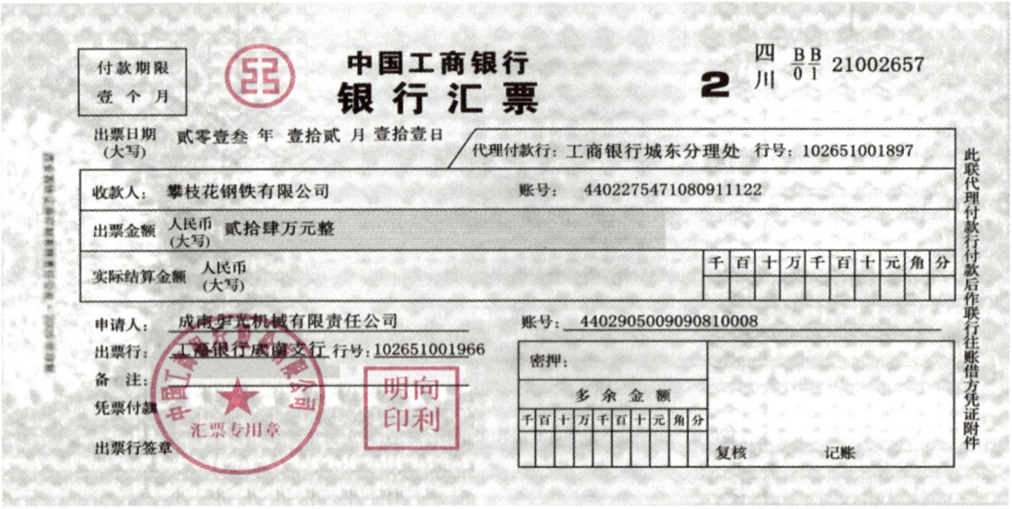
付款期限 壹个月

中国工商银行
银行汇票　2　四川 BB/01 21002657

出票日期（大写） 贰零壹叁 年 壹拾贰 月 壹拾壹 日　代理付款行：工商银行城东分理处　行号：102651001897

收款人：攀枝花钢铁有限公司　账号：4402275471080911122

出票金额 人民币（大写） 贰拾肆万元整

实际结算金额 人民币（大写）　千 百 十 万 千 百 十 元 角 分

申请人：成南宇光机械有限责任公司　账号：4402905009090810008

出票行：工商银行成南支行　行号：102651001966

备　注：

凭票付款

出票行签章

密押：

多余金额　千 百 十 万 千 百 十 元 角 分

复核　记账

此联代理付款行付款后作联行往账借方凭证附件

图 2-36　银行汇票的填制示例

银行汇票为一式四联，第一联为卡片，由签发行结清汇票时作汇出汇款付出传票；第二联为银行汇票，与第三联解讫通知一并由汇款人自带，在兑付行兑付汇票后此联作为联行往来账付出传票；第三联为解讫通知，在兑付行兑付后随报单寄签发行，由签发行作余款收入传票；第四联为多余款通知，并在签发行结清后交汇款人。

第三节　会计账簿操作指引

一、操作要求

（一）启用账簿

各单位应当按照国家统一会计制度的规定和会计业务的需要设置会计账簿。会计账簿包括总账、明细账、日记账和其他辅助性账簿。现金日记账和银行存款日记账必须采用订本式账簿。不得用银行对账单或者其他方法代替日记账。实行会计电算化的单位，用计算机打印的会计账簿必须连续编号，经审核无误后装订成册，并由记账人员和会计机构负责人、会计主管人员签字或者盖章。

启用会计账簿时，应当在账簿封面上写明单位名称和账簿名称。在账簿扉页上应当附启用表，内容包括启用日期、账簿页数、记账人员和会计机构负责人、会计主管人员姓名，并加盖名章和单位公章。记账人员或者会计机构负责人、会计主管人员工作变动需做好交接工作，工作交接时应当注明交接日期、接办人员或者监交人员姓名，并由交接双方人员签名或者盖章。

启用订本式簿，应当从第一页到最后一页依次编定页码，不得跳页、缺号。使用活页式账页，应当按账户顺序编号，并且必须定期装订成册。装订后再按实际使用的账页顺序编定页码。另加目录，记明每个账户的名称和页次。

（二）登记账簿

登记账簿时，会计人员应注意以下要点：

（1）应当根据审核无误的会计凭证登记会计账簿。

（2）登记会计账簿时，应当将会计凭证日期、编号、业务内容摘要、金额和其他有关资料逐项记入账内，做到数字准确、摘要清楚、登记及时、字迹工整。

（3）登记完毕后，要在记账凭证上签名或者盖章，并注明已经登账的符号，表示已经记账。

（4）账簿中书写的文字和数字上面要留有适当空格，不要写满格，一般应占格距的1/2。

（5）登记账簿要用蓝黑墨水笔或者碳素墨水笔书写，不得使用圆珠笔（银行的复写账簿除外）或者铅笔书写。

（6）下列情况，可以用红色墨水笔记账：①按照红字冲账的记账凭证，冲销错误记录；②在不设借、贷的多栏式账页中，登记减少数；③在三栏式账户的余额栏前，如未印明余额方向的，在余额栏内登记负数余额；④根据国家会计制度的规定可以用红字登记的其他会计记录。

（7）各种账簿按页次顺序连续登记，不得跳行、隔页。如果发生跳行、隔页，应当将空行、空页划线注销，或者注明“此行空白”“此页空白”字样，并由记账人员签名或者盖章。

（8）凡需要结出余额的账户，结出余额后，应当在“借或贷”栏内写明“借”或者“贷”等字样。没有余额的账户，应当在“借或贷”等栏内写“平”字，并在余额栏内用“0”表示。

（9）现金日记账和银行存款日记账必须逐日结出余额。

（10）每一账页登记完毕结转下页时：①应当结出本页合计数及余额，写在本页最后一行和下页第一行有关栏内，并在摘要栏内注明“过次页”和“承前页”字样；也可以将本页合计数及金额写在下页第一行有关栏内，并在摘要栏内注明“承前页”字样。②对需要结计本月发生额的账户，结计“过次页”的本页合计数应当为自本月初起至本页末止的发生额合计数；③对需要结计本年累计发生额的账户，结计“过次页”的本页合计数应当为自年初起至本页末止的累计数；④对既不需要结计本月发生额也不需要结计本年累计发生额的账户，可以只将每页末的余额结转次页。

（11）实行会计电算化的单位，总账和明细账应当定期打印。发生收款和付款业务的，在输入收款凭证和付款凭证的当天必须打印出现金日记账和银行存款日记账，并与库存现金核对无误。

（三）错误更正

账簿记录发生错误，不准涂改、挖补、刮擦或者用药水消除字迹，不准重新抄写，必须按照下列方法进行更正：

（1）登记账簿时发生错误，应当将错误的文字或者数字划红线注销，但必须使原有字迹仍可辨认；然后在划线上方填写正确的文字或者数字，并由记账人员在更正处盖章。对于错误的数字，应当全部划红线更正，不得只更正其中的错误数字。对于文字错误，可只划去错误的部分。

（2）由于记账凭证错误而使账簿记录出现错误，应当按更正的记账凭证登记账簿。

二、操作范例

（一）总账操作范例

图 2-37 为银行存款总账填写范例：

银行存款总账

总 60 页 第 2 页
会计科目：银行存款

2019		汇总凭证		摘要	借方金额														贷方金额														借或贷	余额												
月	日	种类	编号		百	十	亿	千	百	十	万	千	百	十	元	角	分	~	百	十	亿	千	百	十	万	千	百	十	元	角	分	~		百	十	亿	千	百	十	万	千	百	十	元	角	分
12	1			月初余额																													借						6	6	6	0	0	0	0	0
12	5	汇	1	1-5日发生额						5	0	3	3	9	0	5	0							1	9	3	5	2	9	6	0		借						9	7	5	8	6	0	9	0
12	10	汇	2	6-10日发生额						4	9	9	2	9	7	0	0							8	8	5	9	8	2	2	8		借						5	8	9	1	7	5	6	2
12	15	汇	3	11-15日发生额						8	0	6	8	2	2	0	0							4	1	7	7	7	1	0	0		借						9	7	8	2	2	6	6	2
12	20	汇	4	16-20日发生额					1	1	9	0	5	5	7	5	0							6	1	7	2	2	0	0	0		借					1	5	5	1	5	6	4	1	2
12	25	汇	5	21-25日发生额						5	9	4	3	3	3	1	5							4	4	2	0	7	8	0	0		借					1	7	0	3	8	1	9	2	7
12	31	汇	6	26-31日发生额							1	0	0	0	0	0	0								1	6	5	0	1	8	0		借					1	6	9	7	3	1	7	4	7

图 2-37　银行存款总账填写范例

（二）日记账操作范例

图 2-38 为日记账填写范例：

库存现金日记账

第 1 页

2019		凭证号数	摘要	对方科目	借方													√
月	日				百	十	亿	千	百	十	万	千	百	十	元	角	分	
12	1		月初余额															
12	1	记002	报销差旅费	管理费用														
12	1	记005	办公费	管理费用														
12	3	记011	采购办公用品	管理费用														
12	6	记021	借支差旅费	其他应收款														
12	7	记025	购油	管理费用、应交税费														
12	8	记028	借支差旅费	其他应收款														
12	8	记033	提取库存现金	银行存款								4	0	0	0	0	0	
12	8	记034	报销职工医药费	应付职工薪酬														
12	16	记072	报销差旅费	其他应收款									9	0	4	0	0	
12	17	记077	报销办公用品	生产成本														
12	18	记079	报销差旅费	其他应收款									3	3	0	0	0	
12	22	记091	支付手续费	财务费用														
12	26	记102	支付困难补助	应付职工薪酬														

凭证号数	摘要	贷方													√	借或贷
		百	十	亿	千	百	十	万	千	百	十	元	角	分		
	月初余额															借
记002	报销差旅费									1	6	0	0	0		借
记005	办公费									4	5	8	0	0		借
记011	采购办公用品									1	8	5	0	0		借
记021	借支差旅费								2	0	0	0	0	0		借
记025	购油									5	6	5	0	0		借
记028	借支差旅费								2	0	0	0	0	0		借
记033	提取库存现金															借
记034	报销职工医药费								5	2	4	6	0	0		借
记072	报销差旅费															借
记077	报销办公用品									3	6	5	0	0		借
记079	报销差旅费															借
记091	支付手续费									8	7	6	0	0		借
记102	支付困难补助									5	0	0	0	0		借

凭证号数	摘要	余额												
		百	十	亿	千	百	十	万	千	百	十	元	角	分
	月初余额								9	6	2	3	0	0
记002	报销差旅费								9	4	6	3	0	0
记005	办公费								9	0	0	5	0	0
记011	采购办公用品								8	8	2	0	0	0
记021	借支差旅费								6	8	2	0	0	0
记025	购油								6	2	5	5	0	0
记028	借支差旅费								4	2	5	5	0	0
记033	提取库存现金								8	2	5	5	0	0
记034	报销职工医药费								3	0	0	9	0	0
记072	报销差旅费								3	9	1	3	0	0
记077	报销办公用品								3	5	4	8	0	0
记079	报销差旅费								3	8	7	8	0	0
记091	支付手续费								3	0	0	2	0	0
记102	支付困难补助								2	5	0	2	0	0

图 2-38　日记账填写范例

（三）明细账操作范例

1. 三栏式明细账

图 2-39 为三栏式明细账操作范例：

应付票据明细账

总 51 页 分 5 页
一级科目：应付票据
明细科目：红枫铸造厂

2019		凭证编号	摘要	借方金额													√
月	日			百	十	亿	千	百	十	万	千	百	十	元	角	分	
12	1		月初余额														
12	1	记003½	支付应付票据款							4	3	6	2	0	0	0	
12	5	记017	材料采购														

凭证编号	摘要	贷方金额													√	借或贷
		百	十	亿	千	百	十	万	千	百	十	元	角	分		
	月初余额															贷
记003½	支付应付票据款															平
记017	材料采购							9	9	4	4	0	0	0		贷

凭证编号	摘要	余额												
		百	十	亿	千	百	十	万	千	百	十	元	角	分
	月初余额							4	3	6	2	0	0	0
记003½	支付应付票据款											0		
记017	材料采购							9	9	4	4	0	0	0

图 2-39　三栏式明细账填写范例

2. 数量金额式明细账

图 2-40 为数量金额式明细账操作范例：

原材料明细账

总 62 页分 1 页
一级科目：原材料
明细科目：A材料

2019年		凭证编号	摘要	借方												贷方												余额											
				数量	单价	金额										数量	单价	金额										数量	单价	金额									
月	日					千	百	十	万	千	百	十	元	角	分			千	百	十	万	千	百	十	元	角	分			千	百	十	万	千	百	十	元	角	分
12	1		月初余额																									10000	15.44			1	5	4	4	0	0	0	0
12	1	记007	领用材料													9000	15.44			1	3	8	9	6	0	0	0	1000	15.44				1	5	4	4	0	0	0
12	15	记063	收到材料	5000	15.44				7	7	2	0	0	0	0													6000	15.44				9	2	6	4	0	0	0
12	15	记066	材料入库	6000	15.44				9	2	6	4	0	0	0													12000	15.44			1	8	5	2	8	0	0	0
12	25	记098	销售材料													1000	15.44				1	5	4	4	0	0	0	11000	15.44			1	6	9	8	4	0	0	0

图 2-40　数量金额或明细账

3. 多栏式明细账

图 2-41～图 2-43 为多栏式明细账操作范例：

财务费用明细账

会计科目名称：财务费用

2019		凭证编号	摘要	利息										银行手续费																														合计									
月	日			千	百	十	万	千	百	十	元	角	分	千	百	十	万	千	百	十	元	角	分	千	百	十	万	千	百	十	元	角	分	千	百	十	万	千	百	十	元	角	分	千	百	十	万	千	百	十	元	角	分
12	1		1-11月累计发生额			1	7	0	3	5	4	0	0				1	1	2	4	6	0	0																							1	8	1	6	0	0	0	0
			1-11月结转利润额			1	7	0	3	5	4	0	0				1	1	2	4	6	0	0																							1	8	1	6	0	0	0	0
12	10	记044	支付手续费																2	0	0	0	0																										2	0	0	0	0
12	21	记088	支付银行计收利收				1	0	9	5	3	7	5																																		1	0	9	5	3	7	5
12	21	记089	收到银行计付利息					4	1	0	8	1	5																																			4	1	0	8	1	5
12	22	记091	支付手续费																8	7	6	0	0																										8	7	6	0	0
12	31	记1283/3	结转损益					6	8	4	5	6	0					1	0	7	6	0	0																									7	9	2	1	6	0

图 2-41　多栏式明细账（1）

基本生产成本明细账

总 27 页 分 1 页

产品名称：生产成本-加工车间Y-1甲半成品

2019 月	日	凭证编号	摘要	半成品	直接材料	直接人工	制造费用	合计
12	1		月初余额		1000000	328000	415000	1743000
12	1	记007½	生产产品，领用材料		20056570			20056570
12	23	记092 1/6	分配职工工资			1280000		1280000
12	23	记092 4/6	分配职工福利			170200		179200
12	24	记096 1/2	结算原材料成本差异		497403			497403
12	31	记113	分配制造费用				1184000	1184000

图 2-42　多栏式明细账（2）

应交税费——应交增值税明细账

总 24 页 分 2 页

2019年 月	日	凭证编号	摘要	借方：进项税额	借方：转出未交增值税	借方：合计	贷方：销项税额	贷方：出口退税	贷方：进项税转出	贷方：合计	借或贷	余额
12	01		月初余额								平	0
12	01	记001	销售乙产品				1729000				贷	1729000
12	01	记006	广告费	27000							贷	1702000
12	02	记009	销售产品				1404000				贷	3106000
12	02	记010	支付应付票据	172000							贷	2934000
12	03	记012	销售丁产品				592800				贷	3526800
12	04	记014	赊销产品				2912000				贷	6438800
12	04	记016	购买低值易耗品	67600							贷	6371200
12	05	记017	购买原材料	1189360							贷	5181840
12	05	记018	销售产品				432250				贷	5614090
12	05	记020	购买生产设备	1300000							贷	4314090
12	06	记022	销售材料				260000				贷	4574090
12	06	记023	购买低值易耗品	71240							贷	4502850
12	07	记025	购油费	6500							贷	4496350
12	07	记026	招待费	17088							贷	4479262
12	07	记027	报刊费	32400							贷	4446862
12	08	记035	销售产品				3729700				贷	8176562
12	09	记036	购进设备	4680000							贷	3496562
12	09	记039	安装费	650000							贷	2846562
12	10	记042	销售产品				3627000				贷	6473562
12	10	记043	支付应付票据	1178400							贷	5295162
12	13	记050	收到发票	971250							贷	4323912
12	13	记052½	销售产品				4472000				贷	8795912
12	14	记055½	销售产品				4594200				贷	13390112
12	14	记057	购进原料	36400							贷	13353712
12	15	记060	支付电话费	18000							贷	13335712
12	15	记061	收到发票	1564500							贷	11771212
12	15	记063	收到材料	2853800							贷	8917412
12	16	记070½	销售商品				4137250				贷	13054662
12	16	记071½	发出商品货款				3412500				贷	16467162
12	17	记074	销售货物				3016000				贷	19483162
12	17	记076	收到材料	493700							贷	18989462
12	19	记083	支付电费	130000							贷	18859462
12	21	记086	购买木箱	468000							贷	18391462
12	21	记087½	销售产品				3341000				贷	21732462
12	24	记095	收到租金				39000				贷	21771462
12	25	记098	销售材料				260000				贷	22031462
12	25	记100	销售商品	3027000							贷	19004462
12	28	记107	支付咨询费	4500							贷	18999962
12	29	记108	支付展览费	18900							贷	18981062

图 2-43　多栏式明细账（3）

4. 库存数量账

图 2-44 的商品卡就是库存数量账的一种：

商品卡

品名：A材料　　　　　　　　　　　　　　　　　单位：千克

2019年		摘要	收入数量	支出数量	结存数量
月	日				
12	1	月初结存			10 000
12	1	领用材料		9 000	1 000
12	15	购买物品	5 000		6 000
12	15	购买物品	6 000		12 000
12	25	销售产品		1 000	11 000

图 2-44　商品卡

三、对账

对账，就是对账簿记录进行核对。为了保证账簿记录的完整性和正确性，为编制会计报表提供真实可靠的数据资料，会计人员需要进行对账工作。对账的内容包括账、证核对，账、账核对，账、实核对。

（一）账、证核对

账、证核对是指将各种账簿记录与有关记账凭证或原始凭证进行核对。主要包括以下几类：

（1）核对现金日记账、银行存款日记账与记账凭证及所附的原始凭证；

（2）核对明细账与记账凭证及所附原始凭证；

（3）核对总账与据以记账的凭证（如科目汇总表）。

核对内容包括会计科目、数量、金额、增减借贷的方向等是否一致。在具体核对时，可以针对错账的范围、性质，采取逐笔核对，或者采取抽查核对。在核对时一定要认真、仔细，有时错账是因为数字换位造成的，如将“5 690”写成“5 960”，“1 980”写成“1 890”或者由于数码字写得不清晰，如 5 000 与 5 600 分辨不清，1 480 与 1 980 分辨不清而造成的错误，如核对时不认真、不仔细，有时核对多遍也不易查出错在哪里。

（二）账、账核对

账、账核对是指核对不同会计账簿之间的账簿记录是否相符。主要包括以下内容：

（1）核对总账有关账户的余额；

（2）核对总账与明细账；

（3）核对总账与日记账；

（4）核对会计部门的财产物资明细账与财产物资保管和使用部门的有关明细账。

在记账过程中，很多原因都会导致各种各样的记账差错，如数字记错、科目记错、重复记录某项业务、漏记某项业务等。

1. 错账查找的方法

错账查找的方法有多种，常用的方法有：差数法、除 2 法、除 9 法、尾数法等。不同的方法，适用于不同的记账错误。具体应用如表 2-2 所示。

表 2-2　错账查找方法

方法	适用错误	方法应用
差数法	漏记一方，使得借方合计与贷方合计不相等	回忆和核对相关金额的记账来查找
除 2 法	某个金额数字借贷方向记反，使得错账的差数为错误的 2 倍	将差数除以 2，得出的商就是反向的金额
除 9 法	将数字写小，如 500 写为 50 等	将差数除以 9，得出的商为错误数字，商乘以 10 为正确数字
	将数字写大，如 60 写为 600 等	将差数除以 9，得出的商为正确数字，商乘以 10 为错误数字
	邻数颠倒，如 45 写为 54 等	将差数除 9，得出的商连加 11，直到找出颠倒的数字为止
尾数法	发生角、分的差错	只查找小数部分

2. 错账更正方法

常用的错账更正方法有三种：划线更正法、红字更正法、补充登记法。不同的更正方法，适用于不同的错误，具体应用如表 2-3 所示。

表 2-3　错账更正方法

方法	适用错误		具体操作
	记账凭证	账簿	
划线更正法	正确	文字或数字错误	将错误的文字或者数字画红线注销，但必须使原有字迹仍可辨认；然后在画线上方填写正确的文字或者数字，并由记账人员在更正处盖章。对于错误的数字，应当全部画红线更正，不得只更正其中的错误数字。对于文字错误，可只画去错误的部分
红字更正法	应借或应贷的会计科目错误	应借或应贷的会计科目错误	用红字填写一张与原记账凭证完全相同的记账凭证，登记入账；然后用蓝字填写一张正确的记账凭证并登记入账
	所记金额大于应记金额	所记金额大于应记金额	按多记的金额用红字编制一张与原记账凭证应借、应贷科目完全相同的记账凭证，并登记入账
补充登记法	所记金额小于应记金额	所记金额小于应记金额	按少记的金额用蓝字编制一张与原记账凭证应借、应贷科目完全相同的记账凭证，并登记入账

（三）账、实核对

账、实核对是指核对财产、物资等的账簿记录与实有数额是否相符。主要包括以下内容：

（1）现金日记账账面余额与现金实际库存数相核对；

（2）银行存款日记账账面余额定期与银行对账单相核对；

（3）各种财物明细账账面余额与财物实存数额相核对；

（4）各种应收、应付款明细账账面余额与有关债务、债权单位或者个人核对。

现金的清查，主要是通过实地盘点的方法，确定库存现金的实存数，再与现金日记账的账面余额核对，以查明现金短缺或溢余的情况。在进行现金清查时，为了明确经济责任，出纳员必须在场。在清查过程中不能用白条抵库，即不能用不具有法律效力的借条、收据等抵充库存现金。盘点后，应根据盘点的结果及与现金日记账核对的情况，填制“现金盘点报告表”。现金盘点报告表为重要的原始凭证，它既起到“盘存单”的作用，又起到“实存账存对比表”的作用，应认真填写，并由盘点人和出纳员共同签章方能生效。

对银行存款的清查，是企业定期从银行取得对账单（通常由开户银行于月末给企业发送“对账单”），指将银行存款日记账与对账单逐笔进行核对。核对后，如果日记账的余额与对账单的余额一致，说明双方记账没有错误；如果不一致，要检查不一致的原因。由于双方存在着未达账项，所以余额总是不相符，如将未达账项找出来调整后，仍存在不平衡现象，则应更仔细检查各笔记录是否为某一方出错，银行是否将外单位账项误记入我方记录，经过核对和调整后编制的“银行存款余额调节表”一定要平衡，该项对账工作才算完成。

要核对各种财产物资类的账实是否相符，必须通过财产清查盘点来确定其实有数额，比如对于固定资产、库存商品、原材料、产成品等实物，它们的共同特点是能够从数量和质量上来清点和鉴定。由于其体积、形态、重量和堆放方式的不同，清点数量的方法也不同。一般采用的方法有“实地盘点法”和“技术推算法”两种。为了明确经济责任，在进行财产物资盘点时，有关财产物资的保管人员必须在场，并参加盘点工作。对各项财产物资的盘点结果，应逐一、如实地登记在“盘存单”上，并由参加盘点的人员和实物保管人员同时签章生效。“盘存单”是记录各项财产物资实物盘点结果的证明，也是财产清查工作的原始凭证之一。

对往来结算款项的核对清查，主要是针对各种应收款、应付款的明细账进行的。各种应收款主要是外单位占用本单位的资金，若不及时查清收回，很容易造成呆账坏账损失。而各种应付款项，是企业的对外债务，若该项账与外单位账不相符，就会发生“争执账项”，发生扯皮现象。所以应及时与对方核对，做到有账有户、有户有主、及时清收归还。清查的方法一般有两种：一是抄送对账单给对方单位，经对方核对、确认相符后在对账单上加盖公章退给清查单位；二是派遣专人执账簿凭证（或复印件）到对方单位进行核对和现场确认，以免信函来往耽误时间或发生推诿扯皮现象。

四、结账

（一）结账目的

结账是指按照规定将各种账簿记录定期结算清楚的账务工作。结账的目的是编制会计报表。结账的工作内容包括：

（1）结清各损益类账户，编制利润表，并计算确定本期利润。

（2）结清各资产、负债、所有者权益类账户，分别结算出本期发生额合计和余额，编制资产负债表。

（二）结账时间

根据有关规定，企业应在结账日进行结账，不得提前或者延迟。

（1）年度结账日为公历年度每年的 12 月 31 日。

（2）季度、月度结账日分别为公历年度每季、每月的最后一天。

（三）结账方法

结账的方法有如下要点：

（1）结账前，必须将本期内所发生的各项经济业务全部登记入账。

（2）结账时，应当结出每个账户的期末余额。

（3）现金日记账、银行存款日记账和需要按月结计发生额的收入、费用等明细账，每月结账时，要在最后一笔经济业务记录下面画一条通栏单红线，结出发生额和余额，在摘要栏内注明“本月合计”字样，在下面再画一条通栏单红线。

需要结计本月发生额的某些账户，如果本月只发生一笔经济业务，由于这笔记录的金额就是本月发生额，结账时，只要在此行记录下画一条通栏单红线，表示与下月的发生额分开即可，不需另行结出“本月合计”数。

（4）需要结计本年累计发生额的某些明细账户，如收入、成本明细账，每月结账时，应在“本月合计”行下结计自年初起至本月末止的累计发生额，登记在月份发生额下面，在摘要栏内注明“本年累计”字样，并在下面再画一条通栏单红线。12 月末的“本年累计”就是全年累计发生额。全年累计发生额下面应当通栏画双红线。

（5）对于不需要按月结计本期发生额的账户，如各项应收款明细账和各项财产物资明细账，每次记账以后，都要随时结出余额，每月最后一笔余额即月末余额。月末结账时，只需要在最后一笔经济业务记录之下画一条通栏单红线即可，不需要再结计一次余额。

（6）总账账户平时只需结计月末余额。年度终了结账时，为了反映全年各项资产、负债及所有者权益增减变动的全貌，便于核对账目，所有总账账户都应当结出全年发生额和年末余额，在摘要栏内注明“本年合计”字样，并在合计数下画通栏双红线。

（7）年度终了，要将各账户的余额结转到下一会计年度，并在摘要栏注明“结转下年”字样。下一会计年度新建有关会计账簿时，在第一行余额栏内填写上年结转的余额，并在摘要栏注明“上年结转”字样。

总账月末结账示例，如图 2-45 所示。

库存现金总账

总 60 页 第 1 页
会计科目：库存现金

2019		汇总凭证		摘要	借方金额	√	贷方金额	√	借或贷	余额
月	日	种类	编号		百十亿千百十万千百十元角分		百十亿千百十万千百十元角分			百十亿千百十万千百十元角分
12	1			月初余额					借	962300
12	5	汇	1	1-5日发生额			80300		借	882000
12	10	汇	2	6-10日发生额	400000		981100		借	300900
12	20	汇	4	16-20日发生额	123400		36500		借	387800
12	25	汇	5	21-25日发生额			87600		借	300200
12	31	汇	6	26-31日发生额			50000		借	250200
				本月合计	523400		1235500		借	250200

图 2-45　总账月末结账示例

总账年末结转示例，如图 2-46 所示。

库存现金总账

总 60 页 第 1 页
会计科目：库存现金

2019		汇总凭证		摘要	借方金额	√	贷方金额	√	借或贷	余额
月	日	种类	编号		百十亿千百十万千百十元角分		百十亿千百十万千百十元角分			百十亿千百十万千百十元角分
12	1			月初余额					借	962300
12	5	汇	1	1-5日发生额			80300		借	882000
12	10	汇	2	6-10日发生额	400000		981100		借	300900
12	20	汇	4	16-20日发生额	123400		36500		借	387800
12	25	汇	5	21-25日发生额			87600		借	300200
12	31	汇	6	26-31日发生额			50000		借	250200
				本月合计	523400		1235500		借	250200
				本年合计	523400		1235500		借	250200
				结转下年					借	250200

图 2-46　总账年末结转示例

数量金额式年度结账示例，如图 2-47 所示。

原材料明细账

总 62 页分 1 页
一级科目：原材料
明细科目：A材料

2019年		凭证编号	摘要	借方 数量	借方 单价	借方 金额	贷方 数量	贷方 单价	贷方 金额	余额 数量	余额 单价	余额 金额
月	日					千百十万千百十元角分			千百十万千百十元角分			千百十万千百十元角分
12	1		月初余额							10000	15. 44	15440000
12	1	记007	领用材料				9000	15. 44	13896000	1000	15. 44	1544000
12	15	记063	收到材料	5000	15. 44	7720000				6000	15. 44	9264000
12	15	记066	材料入库	6000	15. 44	9264000				12000	15. 44	18528000
12	25	记098	销售材料				1000	15. 44	1544000	11000	15. 44	16984000
			本月合计	11000	15. 44	16964000	10000	15. 44	15440000	11000	15. 44	16984000
			本年合计	11000	15. 44	16954000	10000	15. 44	15440000	11000	15. 44	16984000
			结转下年							11000	15. 44	16984000

图 2-47　数量金额式年度结账示例

多栏式明细账年度结账示例，如图 2-48 所示。

财务费用明细账

会计科目名称：财务费用

2019 月	日	凭证编号	摘要	利息（千百十万千百十元角分）	银行手续费（千百十万千百十元角分）	（千百十万千百十元角分）	（千百十万千百十元角分）	合计（千百十万千百十元角分）
12	1		1-11月累计发生额	17035400	1124600			18160000
			1-11月结转利润额	17035400	1124600			18160000
12	10	记044	支付手续费		20000			20000
12	21	记088	支付银行计收利收	1095375				1095375
12	21	记089	收到银行计付利息	410815				410815
12	22	记091	支付手续费		87600			87600
12	31	记1283/3	结转损益	684560	107600			792160

图 2-48　多栏式明细账年度结账示例

生产成本多栏式明细账年度结账示例，如图 2-49 所示。

总 27 页 分 1 页

产品名称：生产成本-加工车间Y-1甲半成品

2019 月	日	凭证编号	摘要	半成品（千百十万千百十元角分）	直接材料（千百十万千百十元角分）	直接人工（千百十万千百十元角分）	制造费用（千百十万千百十元角分）	合计（千百十万千百十元角分）
12	1		月初余额		1000000	328000	415000	1743000
12	1	记007 1/3	生产产品，领用材料		20056570			20056570
12	23	记092 1/6	分配职工工资			1280000		1280000
12	23	记092 4/6	分配职工福利			179200		179200
12	24	记096 1/2	结算原材料成本差异		497403			497403
12	31	记113	分配制造费用				1184000	1184000
			费用合计		21553973	1787200	1599000	24940173
12	31	记115	结转完工半成品成本		17635140	1517400	1357560	20510100
			月末在产品成本		3918833	269800	241140	4430073
			结转下年		3918833	269800	241140	4430073

图 2-49　生产成本多栏式明细账年度结账示例

第四节　会计报表操作指引

在报表编制之前，首先必须保证前面操作期的所有业务均已全部运行结束，然后对总账进行试算平衡，最后才能进行报表的编制。下列财务报表格式与填列方法适用于已执行新金融准则、新收入准则和新租赁准则的企业。

一、资产负债表各项目内容填列方法说明

表 2-4 展示了资产负债表各项目内容的填列方法。

表 2-4　资产负债表各项目内容的填列方法

资产负债表

会企 01 表

编制单位：　　　　年　月　日　　　　单位：元

资产	行次	期末余额	上年年末余额
流动资产：	1		
货币资金	2	总账上以下账户期末余额相加： “库存现金”+“银行存款”+“其他货币资金”	
交易性金融资产	3	总账上该账户的期末余额	
衍生金融资产	4	总账上以下账户期末借方余额相加： “衍生工具”+“套期工具”+“被套期项目”	
应收票据	5	总账上“应收票据”账户的期末余额-按“应收票据”提取的“坏账准备”部分	
应收账款	6	总账结合明细账分析以下账户期末余额，然后相加减： “应收账款”期末借方余额-按应收账款提取的“坏账准备”部分+“预收账款”期末借方余额	
应收款项融资	7	根据明细账上“应收票据”“应收账款”等账户的明细账户期末余额分析填列	
预付款项	8	总账结合明细账分析以下账户期末余额，然后相加：“预付账款”期末借方余额+“应付账款”期末借方余额-按预付账款提取的“坏账准备”部分	
其他应收款	9	总账上以下账户期末余额相加减：“应收利息”+“应收股利”+“其他应收款”-（按“应收利息”提取的“坏账准备”+按“应收股利”提取的“坏账准备”+按“其他应收款”提取的“坏账准备”）	
存货	10	总账上以下账户期末余额相加减：“存货”=“材料采购”+“在途物资”+“原材料”+“生产成本”+“库存商品”+“委托加工物资”+“周转材料”+“发出商品”+“受托代销商品”+“合同履约成本”+“材料成本差异”（借方为加，贷方为减）-“受托代销商品款”-“存货跌价准备”	
合同资产*	11	根据“合同资产”账户相关明细科目的期末余额、总账上“合同结算”账户的期末借方余额分析填列	

表2-4(续)

资产	行次	期末余额	上年年末余额
持有待售资产	12	总账上以下账户的期末余额相减：“持有待售资产”－“持有待售资产减值准备”	
一年内到期的非流动资产	13	根据有关非流动资产的明细账户余额分析填列	
其他流动资产	14	根据总账上相关账户“债权投资”“合同取得成本”“应收退货成本”明细账户余额分析填列	
流动资产合计：	15	第2~14行相加	
非流动资产：	16		
债权投资	17	明细账上“债权投资”账户的相关明细账户期末余额-“债权投资减值准备”账户中相关减值准备的期末余额	
其他债权投资	18	根据“其他债权投资”账户的相关明细账户的期末余额分析填列	
长期应收款	19	总账上该账户的期末余额-明细账上相应“未确认融资费用”所属相关明细账户期末余额-明细账上“坏账准备”所属相关明细账户期末余额	
长期股权投资	20	总账上以下账户期末余额相减：“长期股权投资”－“长期股权投资减值准备”	
其他权益工具投资	21	总账上该账户的期末余额	
其他非流动金融资产	22	总账上该账户的期末余额	
投资性房地产	23	总账上以下账户期末余额相减：“投资性房地产”－“投资性房地产累计折旧（或摊销）”－“投资性房地产减值准备”	
固定资产	24	总账上以下账户期末余额相减：“固定资产”－“累计折旧”－“固定资产减值准备”±“固定资产清理”	
在建工程	25	总账上以下账户期末余额相减：“在建工程”－“在建工程减值准备”－“工程物资”－“工程物资减值准备”	
生产性生物资产	26	总账上以下账户期末余额相减：“生产性生物资产”－“生产性生物资产累计折旧”－“生产性生物资产减值准备”	

表2-4(续)

资产	行次	期末余额	上年年末余额
油气资产	27	总账上以下账户期末余额相减： “油气资产”－“油气资产累计折旧”－“油气资产减值准备”	
使用权资产	28	总账上以下账户期末余额相减： “使用权资产”－“使用权资产累计折旧”－“使用权资产减值准备”	
无形资产	29	总账上以下账户期末余额相减： “无形资产”－“无形资产累计摊销”－“无形资产减值准备”	
开发支出	30	明细账上“研发支出”账户中的“资本化支出”明细账户的期末余额	
商誉	31	总账上以下账户期末余额相减： “商誉”－“商誉减值准备”	
长期待摊费用	32	总账上该账户期末余额	
递延所得税资产		总账上该账户的期末余额	
其他非流动资产	33	根据总账上相关账户，比如：合同结算”账户的期末借方余额；明细账上“合同履约成本”“合同取得成本”“应收退货成本”等账户的期末余额分析填列	
非流动资产合计	34	第17~33行相加	
资产总计	35	第15行+第24行	
负债和所有者权益（或股东权益）	36		
流动负债：	37		
短期借款	38	总账上该账户的期末余额	
交易性金融负债	39	根据“交易性金融负债”账户的相关明细账户的期末余额填列	
衍生金融负债	40	总账上以下账户期末贷方余额相加： “衍生工具”＋“套期工具”＋“被套期项目”	
应付票据	41	总账上该账户的期末余额	
应付账款	42	总账结合明细账分析以下账户期末余额，然后相加： “应付账款”期末贷方余额+“预付账款”期末贷方余额	

表2-4(续)

资产	行次	期末余额	上年年末余额
预收款项	43	总账结合明细账分析以下账户期末余额，然后相加： “预收账款”期末贷方余额+“应收账款”期末贷方余额	
合同负债*	44	根据“合同负债”账户的相关明细账户的期末余额、总账上“合同结算”账户期末贷方余额分析填列	
应付职工薪酬	45		
应交税费	46	总账上该账户的期末余额	
其他应付款	47	总账上以下账户期末余额相加： “应付利息”+“应付股利”+“其他应付款”	
持有待售负债	48	总账上该账户的期末余额	
一年内到期的非流动负债	49	根据有关非流动负债项目的明细账户余额分析填列	
其他流动负债	50	根据总账上相关账户、明细账上“预计负债”账户所属的“应付退货款”明细账户等期末余额分析填列	
流动负债合计	51	第38~50行相加	
非流动负债：	52		
长期借款	53	总账上该账户的期末余额-明细账上该账户本期的一年内到期的、且不能自主展期的金额	
应付债券	54	总账上该账户的期末余额	
其中：优先股	55	明细账上该账户的“优先股”账户的期末余额	
永续债	56	明细账上该账户的“永续债”账户的期末余额	
租赁负债	57	总账上该账户的期末余额	
长期应付款	58	总账上该账户的期末余额-明细账上相应“未确认融资费用”所属相关明细账户期末余额-“专项应付款”账户的期末余额	
预计负债	59	根据总账上该账户的期末余额、对贷款承诺、财务担保合同等项目计提的损失准备、“预计负债”账户所属的“应付退货款”明细账户期末余额分析填列	
递延收益	60	总账上该账户的期末余额	
递延所得税负债	61	总账上该账户的期末余额	

表2-4(续)

资产	行次	期末余额	上年年末余额
其他非流动负债	62	根据总账上相关账户分析填列，比如根据总账上“合同结算”账户期末贷方余额分析填列	
非流动负债合计	63	第53~63行相加	
负债合计	64	第51行+第62行	
所有者权益（或股东权益）：	65		
实收资本（或股本）	66	总账上该账户期末余额	
其他权益工具	67	总账上该账户的期末余额	
其中：优先股	68	明细账上该账户的“优先股”账户的期末余额	
永续债	69	明细账上该账户的“永续债”账户的期末余额	
资本公积	70	总账上该账户期末余额	
减：库存股	71	总账上该账户的期末余额	
其他综合收益	72	总账上该账户的期末余额	
专项储备	73	总账上该账户的期末余额	
盈余公积	74	总账上该账户期末余额	
未分配利润	75	总账上“利润分配”账户期末余额+（中期报告上还需加上）“本年利润”期末余额	
所有者权益（或股东权益）合计	76	第66~75行相加	
负债和所有者权益（或股东权益）总计	77	第64行+第76行	

关于“合同资产”和“合同负债”项目的填列说明：企业应按照《企业会计准则第14号——收入》（财会〔2017〕22号）的相关规定，根据本企业履行履约义务与客户付款之间的关系在资产负债表中列示合同资产或合同负债。“合同资产”项目、“合同负债”项目，应分别根据“合同资产”科目、“合同负债”科目的相关明细科目的期末余额分析填列，同一合同下的合同资产和合同负债应当以净额列示，其中净额为借方余额的，应当根据其流动性在“合同资产”或“其他非流动资产”项目中填列，已计提减值准备的，还应减去“合同资产减值准备”科目中相关的期末余额后的金额填列；其中净额为贷方余

额的，应当根据其流动性在“合同负债”或“其他非流动负债”项目中填列。

由于同一合同下的合同资产和合同负债应当以净额列示，企业也可以设置“合同结算”科目（或其他类似科目），以核算同一合同下属于在某一时段内履行履约义务涉及与客户结算对价的合同资产或合同负债，并在此科目下设置“合同结算——价款结算”科目来反映定期与客户进行结算的金额，设置“合同结算——收入结转”科目来反映按履约进度结转的收入金额。资产负债表日，“合同结算”科目的期末余额在借方的，根据其流动性在“合同资产”或“其他非流动资产”项目中填列；期末余额在贷方的，根据其流动性在“合同负债”或“其他非流动负债”项目中填列。

二、利润表各项目内容填列方法说明

表 2-5 展示了利润表各项目内容的填列方法。

表 2-5 利润表各项目内容的填列方法

利润表

会企 02 表

编制单位： 年 月 日 单位：元

项目	行次	本期金额	上期金额
一、营业收入	1	总账上以下账户本期累计贷方发生额（或总账上以下账户在结转至“本年利润”之前的期末余额）：“主营业务收入”+“其他业务收入”	
减：营业成本	2	总账上以下账户本期累计借方发生额（或总账上以下账户在结转至“本年利润”之前的期末余额）：“主营业务成本”+“其他业务成本”	
税金及附加	3	总账上该账户本期累计借方发生额（或总账上该账户在结转至“本年利润”之前的期末余额）	
销售费用	4	总账上该账户本期累计借方发生额（或总账上该账户在结转至“本年利润”之前的期末余额）	
管理费用	5	总账上该账户本期累计借方发生额（或总账上该账户在结转至“本年利润”之前的期末余额）	
研发费用	6	明细账上“管理费用”账户本期的相关明细账户结转至“本年利润”的累计借方发生额相加：“研究费用”+“无形资产摊销”	

表2-5(续)

项目	行次	本期金额	上期金额
财务费用	7	总账上该账户本期累计借方发生额（或总账上该账户在结转至“本年利润”之前的期末余额）	
其中：利息费用	8	明细账上“财务费用”账户本期的相关明细账户的累计借方发生额	
利息收入	9	明细账上“财务费用”账户本期的相关明细账户的累计贷方发生额	
加：其他收益	10	总账上该账户本期累计贷方发生额（或总账上该账户在结转至“本年利润”之前的期末余额）	
投资收益（损失以“-”号填列）	11	总账上该账户本期累计贷方发生额（或总账上该账户在结转至“本年利润”之前的期末余额）	
其中：对联营企业和合营企业的投资收益	12		
以摊余成本计量的金融资产终止确认收益（损失以“-”号填列）	13	明细账上“投资收益”账户本期的相关明细账户的累计贷方发生额	
净敞口套期收益（损失以“-”号填列）	14	总账上该账户本期累计贷方发生额（或总账上该账户在结转至“本年利润”之前的期末余额）	
公允价值变动收益（损失以“-”号填列）	15	总账上该账户本期累计贷方发生额（或总账上该账户在结转至“本年利润”之前的期末余额）	
信用减值损失（损失以“-”号填列）	16	总账上该账户本期累计借方发生额（或总账上该账户在结转至“本年利润”之前的期末余额）	
资产减值损失（损失以“-”号填列）	17	总账上该账户本期累计借方发生额（或总账上该账户在结转至“本年利润”之前的期末余额）	
资产处置收益（损失以“-”号填列）	18	总账上该账户本期累计贷方发生额（或总账上该账户在结转至“本年利润”之前的期末余额）	
二、营业利润（亏损以“-”号填列）	19	第1行-（第2~7行）+（第10~18行）	
加：营业外收入	20	总账上该账户本期累计贷方发生额（或总账上该账户在结转至“本年利润”之前的期末余额）	
减：营业外支出	21	总账上该账户本期累计借方发生额（或总账上该账户在结转至“本年利润”之前的期末余额）	

表2-5(续)

项目	行次	本期金额	上期金额
三、利润总额（亏损总额以“-”号填列）	22	第19行+第20行-第21行	
减：所得税费用	23	总账上该账户本期累计借方发生额（或总账上该账户在结转至“本年利润”之前的期末余额）	
四、净利润（净亏损以“-”号填列）	24	第22行-第23行	
（一）持续经营净利润（净亏损以“-”号填列）	25		
（二）终止经营净利润（净亏损以“-”号填列）	26		
五、其他综合收益的税后净额	27	根据本期其他综合收益发生额的税后净额填列	
（一）不能重分类进损益的其他综合收益	28	第29行~第32行相加	
1. 重新计量设定收益计划变动额	29	根据明细账上“其他综合收益”账户本期的相关明细账户发生额分析填列	
2. 权益法下不能转损益的其他综合收益	30	根据明细账上“其他综合收益”账户本期的相关明细账户发生额分析填列	
3. 其他权益工具投资公允价值变动	31	明细账上“其他综合收益”账户本期的相关明细账户累计贷方发生额	
4. 企业自身信用风险公允价值变动	32	明细账上“其他综合收益”账户本期的相关明细账户累计贷方发生额	
……			
（二）将重分类进损益的其他综合收益	33	第34行~第39行相加	
1. 权益法下可转损益的其他综合收益	34	明细账上“其他综合收益”账户本期的相关明细账户累计贷方发生额	
2. 其他债权投资公允价值变动	35	明细账上“其他综合收益”账户本期的相关明细账户累计贷方发生额	
3. 金融资产重分类计入其他综合收益的金额	36	明细账上“其他综合收益”账户本期的相关明细账户累计贷方发生额	
4. 其他债权投资信用减值准备	37	明细账上“其他综合收益”账户下本期的“信用减值准备”账户累计借方发生额	
5. 现金流量套期储备	38	明细账上“其他综合收益”账户下本期的“套期储备”账户累计借方发生额	
6. 外币财务报表折算差额	39	明细账上“其他综合收益”账户本期的“外币财务报表折算差额”发生额分析填列	
……			

表2-5(续)

项目	行次	本期金额	上期金额
六、综合收益总额	40	第24行+第27行	
七、每股收益:	41		
(一)基本每股收益	42		
(二)稀释每股收益	43		

关于"(一)持续经营净利润"和"(二)终止经营净利润"项目的填列说明：分别反映净利润中持续经营相关的净利润和与终止经营相关的净利润；如为净亏损，以"-"号填列。这两个项目应按照《企业会计准则第42号——持有待售的非流动资产、处置组和终止经营》的相关规定分别列报。

第五节　企业常见税种归纳

本书中设计的实训案例公司为制造型企业，主要涉及增值税和企业所得税，以下就实训中涉及税种做简单梳理分析。

一、增值税

(一)税率

根据2019年的最新增值税税率表，本实训采用如下税率，如表2-6所示。

表2-6　增值税税率

征税范围	税率
销售或进口货物、提供加工修理修配	13%
有形动产租赁	13%
交通运输、邮政、基础电信、建筑、不动产租赁服务，销售不动产，转让土地使用权、列举原10%税率的货物	9%

表2-6(续)

征税范围	税率
金融服务、增值电信服务、现代服务（租赁服务除外）、生活服务、销售无形资产（转让土地使用权除外）	6%
小规模纳税人	3%、5%（征收率）

（二）应纳税额计算

应纳增值税=当期销项税额-当期申报抵扣进项税额+当期进项税转出额-上期留抵税额+简易计税应纳税额-本期可抵减的增值税额

1. 销项税

销售额确定的一般规则是纳税人销售货物或提供应税劳务向购买方收取的全部价款和价外费用，不包括收取的增值税税额。

（1）特殊销售。

特殊销售的税务处理如表2-7。

表2-7　特殊销售的税务处理

特殊销售	税务处理	说明
折扣销售（商业折扣）	折扣额可以从销售额中扣减（同一张发票上的“金额”栏分别注明）	目的：促销； 实物折扣：一般按视同销售中“无偿赠送”处理，实物折扣额不能从原销售额中减除
销售折扣（现金折扣）	折扣额不得从销售额中减除	目的：发生在销货之后，属于一种融资行为
销售折让	折让额可以从销售额中减除	目的：保证商业信誉，对已售产品出现品种、质量问题而给予购买方的补偿

注：增值税一般纳税人开具增值税专用发票（以下简称“专用发票”）后发生销货退回、开票有误、应税服务中止等情形但不符合发票作废条件，或者因销货部分退回及发生销售折让，需要开具红字专用发票的，按以下方法处理：

购买方取得专用发票已用于申报抵扣的，购买方可在增值税发票管理新系统（以下简称“新系统”）中填开并上传“开具红字增值税专用发票信息表”（以下简称“信息表”），在填开“信息表”时不填写相对应的蓝字专用发票信息，应暂依信息表所列增值税税额从当期进项税额中转出，待取得销售方开具的红字专用发票后，与信息表一并作为记账凭证。

（2）视同销售的情形。

以下业务也视同销售业务，如表 2-8 所示：

表 2-8　视同销售业务的情形

业务				增值税是否视同销售
视同销售货物	纳税人将货物交付给其他单位或者个人代销			√
	纳税人销售代销货物		收取手续费	√
			视同买断	√
	设有两个以上机构并实行统一核算的纳税人，将货物从一个机构移送至其他机构用于销售		相关机构设在同一县（市）	×
			跨县（市）	√
	职工福利（给个人）		自产、委托加工	√
			外购	×
	集体福利（食堂、浴室等）	（1）作为投资，提供给其他单位或个体工商户	自产、委托加工	√
		（2）分配给股东或投资者	外购	×
		（3）无偿赠送给其他单位或个人	自产、委托加工、外购	√
	交际应酬		自产、委托加工	√
			外购	×
	市场推广、广告样品		自产、委托加工	√
			外购	√

2. 进项税

一般纳税人取得下列凭证时，准予从销项税额中抵扣进项税额如表 2-9 所示：

表 2-9 可抵扣进项税的凭证各类

抵扣凭证种类		出具方	进项税额金额/元
增值税专用发票		销售方（含代开）	注明的增值税额
海关进口增值税专用缴款书		海关	注明的增值税额
机动车销售统一发票		销售方	注明的增值税额
完税证明（从境外购进扣税）		税务机关	注明的增值税额
农产品销售发票		销售方（含代开）	买价×9%
农产品收购发票		购货方	买价×9%
通行费发票 【提示】必须取得发票，收据不可以抵扣	高速公路收费	销售方	通行费发票注明金额÷（1+3%）×3%
	一级公路、二级公路、桥、闸通行费		通行费发票注明金额÷（1+5%）×5%

此外，一般纳税人取得下列和旅客运输服务有关的凭证时可以抵扣进项税额如表 2-10所示：

表 2-10 购进旅客服务可抵扣进项税额的情形

购进旅客服务扣税凭证		进项税额/元
增值税专用发票		票面注明的税额
增值税电子普通发票		
航空旅客运输	注明旅客身份信息的航空运输电子客票行程单	（票价+燃油附加费）÷（1+9%）×9%
铁路旅客运输	注明旅客身份信息的铁路车票	票面金额÷（1+9%）×9%
公路、水路等其他旅客运输	注明旅客身份信息的公路、水路等其他客票	票面金额÷（1+3%）×3%
	未注明旅客身份信息的出租车票、公交车票等	不得抵扣

3. 不得从销项税额中抵扣的进项税额

（1）用于简易计税方法计税项目、免征增值税项目、集体福利或者个人消费的购进货物、加工修理修配劳务、服务、无形资产和不动产。其中涉及的固定资产、无形资产、不动产，仅指专用于上述项目的固定资产、无形资产（不包括其他权益性无形资产）、不动产。

【提示】纳税人的交际应酬消费属于个人消费。

（2）非正常损失的购进货物，以及相关的加工修理修配劳务和交通运输服务。

（3）非正常损失的在产品、产成品所耗用的购进货物（不包括固定资产）、加工修理修配劳务和交通运输服务。

（4）非正常损失的不动产，以及该不动产所耗用的购进货物、设计服务和建筑服务。

（5）非正常损失的不动产在建工程所耗用的购进货物、设计服务和建筑服务。

4. 简易计税情形

小规模纳税人实行简易计税办法销售货物、服务，提供应税劳务，以征收率全额计税，不得抵扣进项税额。一般纳税人的部分业务也可以选择采用简易计税方法计算增值税。表 2-11 简单梳理了本次实训中用到的简易计税情形。

表 2-11　简易计税情形

销售情形	税务处理	简易计税公式
一般纳税人 2008 年 12 月 31 日以前购进或者自制的固定资产或 2013 年 8 月 1 日以前购进的小汽车、摩托车、游艇（不得抵扣且未抵扣进项税额）	按简易办法：依 3%征收率减按 2%征收增值税 【提示】纳税人可以放弃减税，按照简易办法依照 3%征收率缴纳增值税，并可以开具增值税专用发票	增值税 = 含税售价÷（1+3%）× 2%或 增值税 = 含税售价÷（1+3%）× 3%
一般纳税人销售旧货	按简易办法：依 3%征收率减按 2%征收增值税	增值税 = 含税售价÷（1+3%）× 2%
一般纳税人转让 2016 年 4 月 30 日前购入或自建的不动产	按简易办法：依 5%征收率征收增值税	增值税 = 转让差价÷（1+5%）× 5% 或 增值税 = 出售全价÷（1+5%）× 5%

（三）增值税账务处理

（1）月份终了，企业应将当月发生的应缴增值税额自“应交税费——应交增值税”科目转入“未交增值税”科目。

借：应交税费——应交增值税（转出未交增值税）

　贷：应交税费——未交增值税

（2）月份终了，企业应将当月多缴的增值税额自“应交税费——应交增值税”科目转入“未交增值税”科目。

借：应交税费——未交增值税

　贷：应交税费——应交增值税（转出多交增值税）

（3）企业当月缴纳上月应缴未缴的增值税

借：应交税费——未交增值税

　贷：银行存款

（四）增值税的征收管理

增值税的纳税期限分别为 1 日、3 日、5 日、10 日、15 日、1 个月或者 1 个季度。纳税人的具体纳税期限，由主管税务机关根据纳税人应纳税额的大小分别核定。以 1 个季度为纳税期限的规定适用于小规模纳税人、银行、财务公司、信托投资公司、信用社，以及和国家税务总局规定的其他纳税人。不能按照固定期限纳税的，可以按次纳税。财政部表 2-12 为增值税及税费申报表。

表 2-12　增值税及税费申报表

<table>
<tr><td colspan="12">增 值 税 及 附 加 税 费 申 报 表</td></tr>
<tr><td colspan="12">（一般纳税人适用）</td></tr>
<tr><td colspan="12">根据国家税收法律法规及增值税相关规定制定本表。纳税人不论有无销售额，均应按税务机关核定的纳税期限填写本表，并向当地税务机关申报。</td></tr>
<tr><td colspan="4">税款所属时间：自　年　月　日至　年　月　日</td><td colspan="2">填表日期：　年　月　日</td><td></td><td></td><td colspan="4">金额单位：元（列至角分）</td></tr>
<tr><td colspan="2">纳税人识别号（统一社会信用代码）：</td><td colspan="5">□□□□□□□□□□□□□□□□□□□□□□□□□□□□</td><td></td><td>所属行业</td><td></td><td></td><td></td></tr>
<tr><td colspan="2">纳税人名称：</td><td>法定代表人姓名</td><td></td><td>注册地址</td><td colspan="2"></td><td>生产经营地址</td><td colspan="4"></td></tr>
<tr><td>开户银行及账号</td><td colspan="2"></td><td>登记注册类型</td><td colspan="3"></td><td>电话号码</td><td colspan="4"></td></tr>
<tr><td colspan="3" rowspan="2">项目</td><td rowspan="2">栏次</td><td colspan="4">一般项目</td><td colspan="4">即征即退项目</td></tr>
<tr><td colspan="2">本月数</td><td colspan="2">本年累计</td><td colspan="2">本月数</td><td colspan="2">本年累计</td></tr>
</table>

表2-12（续）

销售额	（一）按适用税率计税销售额	1				
	其中：应税货物销售额	2				
	应税劳务销售额	3				
	纳税检查调整的销售额	4				
	（二）按简易办法计税销售额	5				
	其中：纳税检查调整的销售额	6				
	（三）免、抵、退办法出口销售额	7			—	—
	（四）免税销售额	8			—	—
	其中：免税货物销售额	9			—	—
	免税劳务销售额	10			—	—
税款计算	销项税额	11				
	进项税额	12				
	上期留抵税额	13				—
	进项税额转出	14				
	免、抵、退应退税额	15			—	—
	按适用税率计算的纳税检查应补缴税额	16			—	—
	应抵扣税额合计	17 = 12 + 13 - 14-15+16		—		—
	实际抵扣税额	18（如 17 < 11，则为 17，否则为 11）				
	应纳税额	19=11-18				
	期末留抵税额	20=17-18				—
	简易计税办法计算的应纳税额	21				
	按简易计税办法计算的纳税检查应补缴税额	22			—	—
	应纳税额减征额	23				
	应纳税额合计	24=19+21-23				

表2-12（续）

税款缴纳	期初未缴税额（多缴为负数）	25				
	实收出口开具专用缴款书退税额	26			—	—
	本期已缴税额	27 = 28 + 29 + 30+31				
	①分次预缴税额	28		—		—
	②出口开具专用缴款书预缴税额	29		—	—	—
	③本期缴纳上期应纳税额	30				
	④本期缴纳欠缴税额	31				
	期末未缴税额（多缴为负数）	32 = 24 + 25 + 26−27				
	其中：欠缴税额（≥0）	33 = 25+26−27		—		—
	本期应补（退）税额	34 = 24−28−29		—		—
	即征即退实际退税额	35	—	—		
	期初未缴查补税额	36			—	—
	本期入库查补税额	37			—	—
	期末未缴查补税额	38 = 16 + 22 + 36−37			—	—
附加税费	城市维护建设税本期应补（退）税额	39			—	—
	教育费附加本期应补（退）费额	40			—	—
	地方教育附加本期应补（退）费额	41			—	—

声明：此表是根据国家税收法律法规及相关规定填写的，本人（单位）对填报内容（及附带资料）的真实性、可靠性、完整性负责。

纳税人（签章）： 年 月 日

经办人： 经办人身份证号： 代理机构签章： 代理机构统一社会信用代码：	受理人： 受理税务机关（章）： 受理日期： 年 月 日

二、企业所得税

（一）税率

企业所得税的税率适用范围如表 2-13 所示。

表 2-13 企业所得税的税率适用范围

种类	税率/%	适用范围
基本税率	25	（1）居民企业；（2）在中国境内设有机构、场所且取得的所得与机构、场所有联系的非居民企业
优惠税率	20	符合条件的小型微利企业
	15	国家重点扶持的高新技术企业、技术先进型服务企业等
低税率	20①	适用于在中国境内未设立机构、场所的，或者虽设立机构、场所但取得的所得与其所设机构、场所没有实际联系的非居民企业

（二）应纳税所得额的计算

实务中，企业通常采用间接计算法下，在会计利润的基础上加上或减去按照税法规定调整的项目金额后，即能得到应纳税所得额。计算公式为

应纳税所得额=会计利润总额±纳税调整项目金额

1. 调减项目

调减项目的内容及调整方法如表 2-14 所示。

表 2-14 调减项目的内容及调整方法

项目	内容	应纳税所得额的调整方法
不征税收入	①财政拨款； ②依法收取并纳入财政管理的行政； ③事业性收费、政府性基金； 国务院规定的其他不征税收入	若会计上已确认收入，则税法做调增处理

① 实际适用税率为 10%。

表2-14(续)

项目	内容	应纳税所得额的调整方法
免税收入	①国债利息收入； ②符合条件的居民企业之间的股息、红利等权益性投资收益； ③在中国境内设立机构、场所的非居民企业从居民企业取得与该机构、场所有实际联系的股息、红利等权益性投资收益； ④符合条件的非营利组织的收入； ⑤非营利组织其他免税收入	若会计上已确认收入，则税法做调增处理
加计扣除	①除烟草制造业、住宿和餐饮业、批发和零售业、房地产业租赁和商务服务业、娱乐业以外的科技型中小企业开展研发活动中未形成无形资产计入当期损益的，在按规定据实扣除的基础上，再按照实际发生额的100%在税前加计扣除；形成无形资产的，在上述期间按照无形资产成本的200%在税前摊销； ②企业安置残疾人员所支付的工资，是指企业安置残疾人员的，在按照支付给残疾职工工资据实扣除的基础上，按照支付给残疾职工工资的100%加计扣除	按税法规定做调减处理

2. 调增项目

以下限额扣除项目在计算应纳税所得额时，若超过税法规定的税前扣除标准，则超过部分做纳税调增，如表2-15所示。

表2-15　调增项目的处理

项目	扣除标准	超标准处理
职工福利费	不超过工资薪金总额14%的部分准予扣除	当年不得扣除
工会经费	不超过工资薪金总额2%的部分准予扣除	当年不得扣除
职工教育经费	不超过工资薪金总额8%的部分准予扣除	当年不得扣除；超过部分可结转以后纳税年度扣除
利息费用	不超过金融企业同期同类贷款利率计算的利息	当年不得扣除
业务招待费	按照发生额的60%扣除，但最高不得超过当年销售（营业）收入的5‰	当年不得扣除
广告费和业务宣传费	不超过当年销售（营业）收入15%以内的部分，准予扣除	当年不得扣除；超过部分可结转以后纳税年度扣除
公益性捐赠支出	不超过年度利润总额12%的部分，准予扣除	当年不得扣除，超过部分结转以后3年内扣除

在计算应纳税所得额时，企业发生下列支出不得在税前扣除，若企业在计算利润时扣除，则需要全额调增应纳税所得额：

①向投资者支付的股息、红利等权益性投资收益款项；

②企业所得税税款；

③税收滞纳金；

④罚金、罚款和被没收财物的损失；

⑤超过规定标准的捐赠支出；

⑥赞助支出；

⑦未经核定的准备金支出；

⑧企业之间支付的管理费、企业内营业机构之间支付的租金和特许权使用费，以及非银行企业内营业机构之间支付的利息；

⑨企业以其取得的不征税收入用于支出所形成的费用或资产（包括对资产计提的折旧、摊销）不得在税前扣除，但企业取得的各项免税收入所对应的各项成本费用，除另有规定外，可以在计算企业应纳税所得额时扣除；

⑩与取得收入无关的其他支出。

（三）企业所得税的账务处理：

企业按照税法规定计算应缴的所得税时：

借：所得税费用等

　贷：应交税费——应交所得税

实际缴纳时：

借：应交税费——应交所得税

　贷：银行存款等

（四）纳税期限

企业所得税按年计征，分月或者分季预缴，年终汇算清缴，多退少补。企业所得税的纳税年度，自公历1月1日起至12月31日止。企业在一个纳税年度的中间开业，或者由于合并、关闭等原因终止经营活动，使该纳税年度的实际经营期不足12个月的，应当以其实际经营期为一个纳税年度。企业清算时，应当以清算期间作为一个纳税年度。自年度终了之日起 5 个月内，向税务机关报送年度企业所得税纳税申报表，并汇算清缴，结清应缴所得税款。月（季）度预缴纳税申报表如表 2-16 所示：

表 2-16 A200000 中华人民共和国企业所得税月（季）度预缴纳税申报表（A 类）

<table>
<tr><td colspan="4">税款所属期间： 年 月 日至 年 月 日</td></tr>
<tr><td colspan="2">纳税人识别号（统一社会信用代码）：</td><td colspan="2">□□□□□□□□□□□□□□□□□□□□□□□</td></tr>
<tr><td colspan="3">纳税人名称：</td><td>金额单位：人民币元（列至角分）</td></tr>
<tr><td>预缴方式</td><td>□ 按照实际利润额预缴</td><td>□ 按照上一纳税年度应纳税所得额平均额预缴</td><td>□ 按照税务机关确定的其他方法预缴</td></tr>
<tr><td>企业类型</td><td>□ 一般企业</td><td>□ 跨地区经营汇总纳税企业总机构</td><td>□ 跨地区经营汇总纳税企业分支机构</td></tr>
<tr><td colspan="4">预缴税款计算</td></tr>
<tr><td>行次</td><td colspan="2">项目</td><td>本年累计金额</td></tr>
<tr><td>1</td><td colspan="2">营业收入</td><td></td></tr>
<tr><td>2</td><td colspan="2">营业成本</td><td></td></tr>
<tr><td>3</td><td colspan="2">利润总额</td><td></td></tr>
<tr><td>4</td><td colspan="2">加：特定业务计算的应纳税所得额</td><td></td></tr>
<tr><td>5</td><td colspan="2">减：不征税收入</td><td></td></tr>
<tr><td>6</td><td colspan="2">减：免税收入、减计收入、所得减免等优惠金额（填写 A201010）</td><td></td></tr>
<tr><td>7</td><td colspan="2">减：固定资产加速折旧（扣除）调减额（填写 A201020）</td><td></td></tr>
<tr><td>8</td><td colspan="2">减：弥补以前年度亏损</td><td></td></tr>
<tr><td>9</td><td colspan="2">实际利润额（3+4-5-6-7-8）\ 按照上一纳税年度应纳税所得额平均额确定的应纳税所得额</td><td></td></tr>
<tr><td>10</td><td colspan="2">税率（25%）</td><td></td></tr>
<tr><td>11</td><td colspan="2">应纳所得税额（9×10）</td><td></td></tr>
<tr><td>12</td><td colspan="2">减：减免所得税额（填写 A201030）</td><td></td></tr>
<tr><td>13</td><td colspan="2">减：实际已缴纳所得税额</td><td></td></tr>
<tr><td>14</td><td colspan="2">减：特定业务预缴（征）所得税额</td><td></td></tr>
<tr><td>15</td><td colspan="2">本期应补（退）所得税额（11-12-13-14）\ 税务机关确定的本期应纳所得税额</td><td></td></tr>
</table>

表2-16(续)

<table>
<tr><td colspan="6">汇总纳税企业总分机构税款计算</td></tr>
<tr><td>16</td><td rowspan="4">总机构填报</td><td colspan="3">总机构本期分摊应补（退）所得税额（17+18+19）</td><td></td></tr>
<tr><td>17</td><td colspan="3">其中：总机构分摊应补（退）所得税额（15×总机构分摊比例____%）</td><td></td></tr>
<tr><td>18</td><td colspan="3">财政集中分配应补（退）所得税额（15×财政集中分配比例____%）</td><td></td></tr>
<tr><td>19</td><td colspan="3">总机构具有主体生产经营职能的部门分摊所得税额（15×全部分支机构分摊比例____%×总机构具有主体生产经营职能部门分摊比例____%）</td><td></td></tr>
<tr><td>20</td><td rowspan="2">分支机构填报</td><td colspan="3">分支机构本期分摊比例</td><td></td></tr>
<tr><td>21</td><td colspan="3">分支机构本期分摊应补（退）所得税额</td><td></td></tr>
<tr><td colspan="2">高新技术企业</td><td>□是　□否</td><td>科技型中小企业</td><td colspan="2">□是　□否</td></tr>
<tr><td colspan="2">技术入股递延纳税事项</td><td>□是　□否</td><td></td><td colspan="2"></td></tr>
<tr><td colspan="6">按　季　度　填　报　信　息</td></tr>
<tr><td colspan="2">季初从业人数</td><td></td><td>季末从业人数</td><td colspan="2"></td></tr>
<tr><td colspan="2">季初资产总额（万元）</td><td></td><td>季末资产总额（万元）</td><td colspan="2"></td></tr>
<tr><td colspan="2">国家限制或禁止行业</td><td>□是　□否</td><td>小型微利企业</td><td colspan="2">□是　□否</td></tr>
<tr><td colspan="6">谨声明：本纳税申报表是根据国家税收法律法规及相关规定填报的，是真实的、可靠的、完整的。
纳税人（签章）：　年　月　日</td></tr>
<tr><td colspan="4">经办人：
经办人身份证号：
代理机构签章：
代理机构统一社会信用代码：</td><td colspan="2">受理人：
受理税务机关（章）：
受理日期：　年　月　日</td></tr>
<tr><td colspan="6">国家税务总局监制</td></tr>
</table>

三、其他税种

应交消费税、资源税、城市维护建设税、教育费附加、房产税、土地使用税、车船税等涉税会计处理：

计提时：

借：税金及附加

　贷：应交税费——应交……税

缴纳时：

借：应交税费——应交……税

　贷：银行存款等

提示：契税、印花税、耕地占用税、车辆购置税，不通过“应交税费”科目核算。

第三章　工业企业高仿真会计运转实训

第一节　模拟企业基本情况

一、企业类型及经营范围

以下是对本次实训模拟企业基本情况的简介。

企业名称：阳光有限责任公司

地　址：蓉城天仙桥路五号

法定代表人：赵天华

注册资金：叁佰万元（人民币）整

其中：新华公司投入资本 1 500 000 元，占 50%。

万达机器厂投入资本 900 000 元，占 30%。

光明公司投入资本 600 000 元，占 20%。

企业类型：有限责任公司（国内合资）

经营范围：生产销售四类产品，包括 Y-Ⅰ型甲产品、Y-Ⅱ型乙产品、G-30 型丙产品、G-40 型丁产品。

企业代码：510245433

纳税登记号：510124178640135

联系电话：87847546

占地面积：5 850 m^2

开户银行及账号情况：

基本存款户：市工商银行天仙路分理处

账号：240-21864022

一般存款户：市建行南阳路分理处

账号：510-24385433

证券资金账户：光大证券公司

账号：028-0145211

企业在职职工 235 人，离退休职工 15 人（已全部进入社保）。

二、内部机构设置及职责

（一）业务员

负责各种原材料采购、采购合同签订和审核；负责产成品的销售（应设置产成品数量账，以便控制可供销售产品的数量）；负责开出销售发票，销售过程中发生的各种销售费用应取得有关凭证并及时传递给财会部门。

（二）仓库

负责各种原材料、包装物、低值易耗品、产成品的验收、保管、发出，设置原材料库和产成品库及保管数量卡。仓库工作人员在验收材料时应在收料单上签字，产成品入库也应在入库单上签字。发出材料应见领料单等凭证，产成品发出也应凭销货发票（提货联），并负责办理发运事宜。坚持定期盘点制度。

（三）生产车间

包括两个基本生产车间和一个辅助生产车间。基本生产加工车间负责 Y-Ⅰ型甲产品、Y-Ⅱ型乙产品、G-30 型丙产品、G-40 型丁产品的机械加工，完工半成品直接转入基本生产装配车间，由装配车间装配调试完工后，交成品库验收。另外，辅助生产维修车间为基本生产车间和管理部门提供修理服务。

（四）财务会计科

财务会计科负责组织全厂的会计核算和财务管理工作，具体工作岗位分为主办、出纳、资产、成本费用、往来等，具体岗位责任及分工后面再详细介绍。

（五）行政部

行政部可以设置总经理，由小组推选产生，行政部总经理负责相关行政事宜及结算审批等，另外行政部总经理平时可以机动兼职各个岗位业务。

三、外部岗位设置

本次实训设置了外部岗位 6 个，分别是主体银行、客体银行、供应商、客户、运输部门、税务局。

四、生产工艺过程及产品成本计算方法

（一）生产流程

产品生产流程如图 3-1 所示。

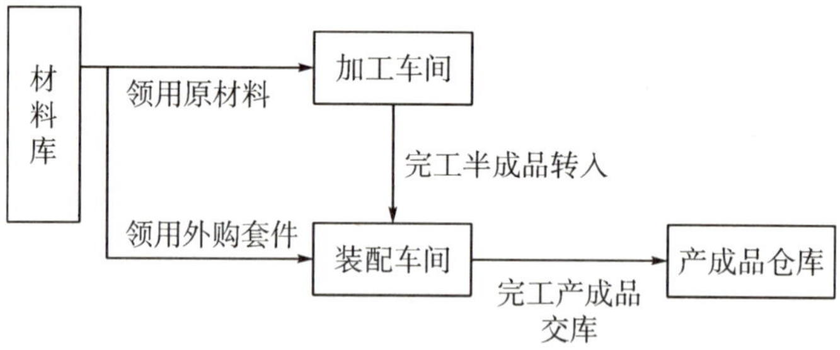

图 3-1　产品生产流程

（二）产品成本计算方法

该厂采用分步法计算产品成本。凡属直接材料、直接人工都直接计入各步骤、各产品的成本明细账，共同费用分配后计入各产品成本明细账，月末按约当产量计算各步骤在产

品成本，机械加工车间完工的半成品采用综合结转法直接结转至下一生产步骤。装配车间领用外购套件仍作为直接材料成本项目核算，完工产成品中的自制半成品成本应按当月完工半成品成本结构还原。

五、会计核算办法及有关计算比例

（一）存货核算

该厂原材料按计划成本组织日常核算，低值易耗品、包装物按实际成本组织日常核算，发出时采用先进先出法。

低值易耗品中的一般工具采用一次摊销法，其余低值易耗品采用分期摊销法。

材料成本差异按月末计算的材料成本差异率分摊。

产成品按实际成本计价，月末按加权平均单价计算销售产成品成本。

（二）固定资产核算

固定资产按平均年限法分类计提折旧，其中房屋年折旧率为 4.8%，机器设备年折旧率为 18%。

财产保险费每年按固定资产原价（扣除车辆原价）的 3.7‰计算，按季预付，分月摊销。机动车车辆单独保险，按年预付，分月摊销。

（三）年末坏账准备的计提及存货跌价准备的计提

1. 年末坏账准备的计提

年末采用账龄分析法对应收款项的坏账损失进行估计，调整坏账准备余额。坏账准备的计提比例如下：

账龄在半年以内的，按 1%计提。

账龄在半年以上至一年的，按 3%计提。

账龄在一年以上至两年的，按 20%计提。

账龄在两年以上至三年的，按 50%计提。

账龄在三年以上的，按 100%计提。

2. 存货跌价准备的计提

期末按单个存货项目的成本与可变现净值计量，提取存货跌价准备。

（四）与工资有关的各项费用、基金的计提基数及比例

计提基数及比例如表 3-1 所示：

表 3-1　计提基数及比例

项目	计提基数	计提比例/%	
		企业负担部分	个人负担部分
应付福利费	本月工资总额	14	
工会经费	本月工资总额	2	
职工教育经费	本月工资总额	8	
养老保险金	上年月平均工资总额	20.5	8
住房公积金	上年月平均工资总额	8	8
基本医疗保险费	上年月平均工资总额	9.5	2
失业保险金	上年月平均工资总额	2	1

（五）税金及附加的计提

1. 增值税税率：13%

（生产及销售 Y-Ⅰ型甲产品、Y-Ⅱ型乙产品、G-30 丙产品、G-40 型丁产品 ）

2. 城市维护建设税税率：7%

3. 教育费附加率：3%

4. 房产税

该厂自己用房：房产账面原值×（1-扣除率 20%）×1.2%（年税率）/12。

出租房屋：月租金收入×12%（税率）。

房产税按月计提，每年分两次，于 5 月、11 月缴纳。

5. 土地使用税

年税额为 5 元/平方米，按月计提，每年于 5 月、11 月分两次缴纳。

6. 印花税

购买印花税票，直接计入税金及附加。

7. 企业所得税税率：25%

（六）利润分配

按当期税后利润10%、5%分别计提法定盈余公积和任意盈余公积。

第二节　岗位设置

一、主要岗位职责分工

（一）会计主管岗位

该岗位全面负责组织会计工作，开设总分类账及部分明细分类账；审核记账凭证并编号；定期编制记账凭证汇总表（或科目汇总表）并登记总分类账；办理有关转账核算业务；定期组织对账；负责筹资与投资的核算；计算应交的各种税金和附加；利润分配；编制会计报表并进行必要的财务分析。

（二）资产会计岗位

该岗位负责原材料、包装物、低值易耗品等的日常核算工作。原材料按计划成本计价，应设置材料采购，原材料、包装物、低值易耗品、材料成本差异等明细账，对日常收发进行详细登记，并注意同总分类账进行核对以及与仓库部门进行账实核对。月终计算出原材料成本差异率，据以分摊材料成本差异。

该岗位还负责固定资产增减变动的核算，在建工程的核算以及固定资产折旧的计提，应建立固定资产、在建工程、累计折旧等明细账，并根据有关凭证进行登记，定期与总分类账进行核对。

（三）成本费用会计岗位

该岗位负责组织生产成本核算，包括基本生产成本核算和辅助生产成本核算。结合生产车间及其产品，开设基本生产成本明细账，并按“直接材料”“直接人工”和“制造费用”等设专栏进行登记。成本项目设专栏进行登记；按基本生产车间设“制造费用”明细账，并按费用项目设专栏进行登记；设置辅助生产维修明细账，并按费用项目设专栏（辅助生产车间不再单独核算制造费用）进行登记。月末采用直接分配法编制“辅助生产费用分配表”分配辅助生产费用，编制“制造费用分配表”分配制造费用并计入基本生产成本明细账。计算月末在产品成本和完工产品成本，并编制完工产品成本汇总表。

该岗位还负责期间费用的核算以及营业外收支的核算，应建立“销售费用”“管理费用”“财务费用”等明细账以及“营业外收入”和“营业外支出”明细账，根据有关凭证进行登记，并与有关总分类账进行核对；平时负责工时、产量、职工考勤等资料的记录。编制工资结算汇总表以及工资费用分配表，负责计提职工福利费，工会经费和职工教育经费等。

（四）往来会计岗位

该岗位负责办理企业与各方面的往来结算业务。与购进付款业务相关的核算，应与供应部门协作，设置“应付账款”“应付票据”等明细账；与销售收款业务相关的核算，应与销售部门协作，设置“主营业务收入”“其他业务收入”“应收账款”“应收票据”等明细账，并根据有关凭证进行登记，定期与有关总分类账进行核对。

建立产成品数量金额明细账，审查产成品成本汇总表及完工产品入库，负责产成品明细账的登记以及分期收款发出商品明细账的设置和登记。按规定监督产成品盘点并与成品库进行账实核对，与总分类账进行账账核对，月末按加权平均法计算并结转已销售产成品成本。盘点发生溢缺，按月初单位成本转账。

（五）出纳岗位

该岗位负责办理货币资金的收付业务，建立银行存款日记账和现金日记账，并根据有关货币资金收付凭证逐日逐笔进行登记，每日结出金额。负责现金支票和转账支票的签发以及其他银行结算凭证的填制；收到支票后填写进账单到银行办理入账，填写托收凭证到银行办理托收，在主办会计监督下与银行对账。

（六）仓库

该岗位负责各种原材料、包装物、低值易耗品、产成品的验收、保管、发出，设置原材料库和产成品库及保管数量卡。验收材料应在收料单上签字、产成品入库也应在入库单上签字。发出材料应见领料单等凭证，产成品发出也应凭销货发票（提货联）并负责办理发运事宜。坚持定期盘点制度，填写盘存单。

（七）主客体银行

制作客户银行存款对账单，定期和出纳核对银行存款；受理客户的委托收款、填写银行承兑汇票，受理支票入行，并传递相关支票、托收凭证等结算单据。

二、各岗位分工及人员情况表

各岗位分工及人员情况如表 3-2 所示：

表 3-2　各岗位分工及人员情况

岗位	职责分工	开设账户	人数	科室
1 会计主管	1. 组织协调财务会计工作； 2. 筹资与投资管理； 3. 审核记账凭证； 4. 汇总记账凭证； 5. 编制科目汇总表、登记总分类账； 6. 结账、对账； 7. 计算各种税金； 8. 利润形成及其分配； 9. 编制会计报表	1. 开设并登记总分类账户； 2. 开设“实收资本”“盈余公积”“资本公积”“交易性金融资产”“长期股权投资”“利润分配”“本年利润”“应收股利”“投资收益”“应付股利”“应交税费”等明细账户	2~3	财会科
2 出纳	1. 负责货币资金收付业务； 2. 现金保管； 3. 有价证券保管； 4. 定期与银行对账； 5. 到银行办理各种业务	1. 开设并登记现金日记账和银行存款日记账（分工行、建行）； 2. 开设并登记“短期借款”“长期借款”明细账； 3. 开设并登记“其他货币资金”明细账	1~2	财会科

表3-2(续)

<table>
<tr><th>岗位</th><th colspan="2">职责分工</th><th>开设账户</th><th>人数</th><th>科室</th></tr>
<tr><td>3
资产会计</td><td colspan="2">1. 材料采购核算；
2. 原材料、包装物、低值易耗品收发的核算；
3. 材料成本差异核算；
4. 库存材料清查盘点；
5. 负责固定资产增减变化的核算；
6. 计提固定资产折旧；
7. 固定资产清查盘点</td><td>1. 开设并登记“材料采购”明细账；
2. 开设“原材料”“包装物”“低值易耗品”数量金额明细账；
3. 开设“材料成本差异”明细账；
4. 开设“待处理流动资产损溢”明细账；
5. 开设并登记“固定资产”“无形资产”明细账；
6. 开设“在建工程”明细账；
7. 开设“累计折旧”“累计摊销明细账；
8. 开设“固定资产清理”“待处理固定资产损益”明细账；
9. 开设“固定资产减值准备”明细账</td><td>1</td><td>财会科</td></tr>
<tr><td rowspan="2">4
往来会计</td><td>购进付款结算</td><td>负责与购进业务相关的结算</td><td>1. 开设并登记“应付账款”明细账；
2. 开设并登记“应付票据”明细账；
3. 开设并登记“预付账款”明细账</td><td>1</td><td>同上</td></tr>
<tr><td>销售收款结算</td><td>负责与销售业务相关的结算、销售成本的计算</td><td>1. 开设并登记“应收账款”明细账；
2. 开设“主营业务收入”“其他业务收入”“其他业务成本“明细账；
3. 开设并登记“应收票据“明细账；
4. 开设并登记“其他应收款“明细账；
5. 开设并登记“预收账款”明细账；
6. 开设并登记“坏账准备”明细账；
7. “发出商品”明细账；
8. 开设“发出商品”明细账；
9. 开设“主营业务成本”明细账</td><td>1</td><td>同上</td></tr>
<tr><td rowspan="4">5
成本费用会计</td><td colspan="2">费用核算：
1. 负责各项期间费用开支的核算；
2. 营业外收支的核算；
3. 负责工时，产量记录，考勤记录；
4. 编制工资结算汇总表及工资费用分配表；</td><td>1. 开设并登记“销售费用”“管理费用”“财务费用”“税金及附加”等明细账；
2. 开设并登记营业外支出和营业外收入明细账；
3. 开设并登记“应付职工薪酬”明细账；
4. 开设并登记“其他应付款”明细账；
5. 开设“资产减值损失”、信用减值损失、公允价值变动损益、所得税费用”明细账</td><td rowspan="2">1</td><td>同上</td></tr>
<tr><td rowspan="3">成本核算：核算生产成本和制造费用多栏式明细账</td><td>基本生产——加工车间</td><td>1. 开设并登记基本生产成本明细账（分甲、乙、丙、丁）；
2. 开设本车间制造费用明细账</td><td rowspan="3"></td></tr>
<tr><td>基本生产——装配车间</td><td>1. 开设并登记基本生产成本明细账（分甲、乙、丙、丁产品）；
2. 开设并登记本车间“制造费用”明细账</td><td rowspan="2"></td></tr>
<tr><td>辅助生产——维修车间</td><td>开设并登记辅助生产成本明细账</td></tr>
</table>

表3-2（续）

岗位	职责分工	开设账户	人数	科室
6 仓库	1. 负责材料的验收入库发出； 2. 负责产成品的入库和发出 3. 负责包装物、低值易耗品的收发	1. 开设原材料的数量明细账、记录各种材料的入库及领用、结存情况； 2. 开设库存商品数量明细账，记录各种产成品的入库及销售、结存情况； 3. 开设包装物、低值易耗的数量明细账	1	
7 业务员	1. 负责原材料的供应、签订原材料的购货合同； 2. 负责产品的销售、签定销售合同； 3. 负责市场开拓； 4. 负责审合同、托收、在托收凭证上签承付、拒付意见	1. 负责销售开票； 2. 设置产成品数量账、记录其变动； 3. 填写收料单、领料单； 4. 到运输公司办理托运； 5. 销售过程中发生的各种销售费用应取得有关凭证并及时传递给财会部门	1	
8 客体单位设置	1. 主体银行； 2. 客体银行； 3. 供应商； 4. 客户； 5. 运输部门； 6. 税务局	只负责开具和阳光公司相关的单据，做账流程省略	1 1 1 1 1 1	客体方

第三节　期初建账资料

一、202×年 11 月末总账及有关明细账户余额

202×年 11 月末总账及有关明细账户余额情况见表 3-3～表 3-8 所示：

表 3-3　总账账户余额情况

序号	会计主管总账账户		
	总账科目	余额	账页格式
1	库存现金	9 623.00	三栏式
2	银行存款	666 000.00	三栏式
3	其他货币资金	32 470.00	三栏式
4	交易性金融资产	55 000.00	三栏式
5	应收票据	53 000.00	三栏式

表3-3(续)

序号	会计主管总账账户		
	总账科目	余额	账页格式
6	应收账款	464 000.00	三栏式
7	坏账准备	(贷) 2 320.00	三栏式
8	其他应收款	10 800.00	三栏式
9	材料采购	0.00	三栏式
10	原材料	1 445 820.00	三栏式
11	包装物	54 400.00	三栏式
12	低值易耗品	10 600.00	三栏式
13	材料成本差异	53 392.00	三栏式
14	库存商品	1 959 000.00	三栏式
15	发出商品	150 750.00	三栏式
16	生产成本	179 110.00	三栏式
17	制造费用	0.00	三栏式
18	预付账款	3 000.00	三栏式
19	长期股权投资	603 260.00	三栏式
20	固定资产	5 815 820.00	三栏式
21	累计折旧	(贷) 2 822 520.00	三栏式
22	工程物资	0.00	三栏式
23	在建工程	503 760.00	三栏式
24	固定资产清理	9 300.00	三栏式
25	无形资产	360 000.00	三栏式
26	累计摊销	(贷) 55 000.00	三栏式
27	短期借款	1 885 000.00	三栏式
28	应付票据	43 620.00	三栏式
29	应付账款	748 305.00	三栏式
30	其他应付款	540.00	三栏式
31	应付职工薪酬	30 882.00	三栏式
32	应交税费	298 928.00	三栏式
33	应付利息	29 520.00	三栏式
34	长期借款	1 068 000.00	三栏式
35	实收资本	3 000 000.00	三栏式
36	资本公积	181 020.00	三栏式

表3-3(续)

序号	会计主管总账账户		
	总账科目	余额	账页格式
37	盈余公积	320 500.00	三栏式
38	本年利润	1 731 950.00	三栏式
39	利润分配	221 000.00	三栏式
40	应收股利	0.00	三栏式
41	应付股利	0.00	三栏式
42	预收账款	0.00	三栏式
43	固定资产减值准备	0.00	三栏式
44	待处理财产损溢	0.00	三栏式
		1~11 月发生额	
45	主营业务收入	24 902 000.00	三栏式
46	主营业务成本	19 649 700.00	三栏式
47	其他业务收入	50 896.00	三栏式
48	其他业务成本	36 187.00	三栏式
49	税金及附加	195 097.00	三栏式
50	销售费用	873 420.00	三栏式
51	管理费用	1 578 980.00	三栏式
52	财务费用	181 600.00	三栏式
53	资产减值损失	0.00	三栏式
54	信用减值损失	0.00	三栏式
55	公允价值变动损益	0.00	三栏式
56	投资收益	0.00	三栏式
57	资产处置损益	0.00	三栏式
58	营业外收入	213 269.00	三栏式
59	营业外支出	269 231	三栏式
60	所得税费用	650 000.00	三栏式

表 3-4　会计主管明细账账户余额情况

序号	会计主管明细账户			
	总账科目	明细科目	余额	账页格式
1	应交税费	应交个人所得税	0.00	三栏式

表3-4(续)

序号	会计主管明细账户			
	总账科目	明细科目	余额	账页格式
2	应交税费	应交增值税（销项）	0.00	多栏式
	应交税费	应交增值税（进项）	0.00	多栏式
3	应交税费	未交增值税	65 000.00	三栏式
4	应交税费	应交城市维护建设税	10 850.00	三栏式
5	应交税费	应交所得税	217 428.00	三栏式
6	应交税费	应交教育附加	5 650.00	三栏式
7	应交税费	简易计税	0.00	三栏式
8	应交税费	应交资源税	0.00	三栏式
9	应交税费	应交房产税	0.00	三栏式
10	应交税费	应交土地使用税	0.00	三栏式
11	实收资本	新华公司	1 500 000.00	三栏式
12	实收资本	万达机械厂	900 000.00	三栏式
13	实收资本	光明公司	600 000.00	三栏式
14	盈余公积	法定盈余公积	205 500.00	三栏式
15	盈余公积	任意盈余公积	115 000.00	三栏式
16	资本公积	资本溢价	120 000.00	三栏式
17	资本公积	其他资本公积	61 020.00	三栏式
18	长期股权投资	天府机械厂	120 000.00	三栏式
19	长期股权投资	东华公司	483 260.00	三栏式
20	本年利润		1 731 950.00	三栏式
21	利润分配	未分配利润	221 000.00	三栏式
22	利润分配	提取法定盈余公积	0.00	三栏式
23	利润分配	提取任意盈余公积	0.00	三栏式
24	利润分配	应付普通股股利	0.00	三栏式

表 3-5 出纳明细账户

序号	出纳明细账户			
	总账科目	明细科目	余额	账页格式
1	库存现金		9 623.00	三栏式
2	银行存款	基本存款户——工行	566 000.00	三栏式
3	银行存款	一般存款户——建行	100 000.00	三栏式
4	其他货币资金	证券公司	32 470.00	三栏式
5	交易性金融资产	成本	55 000.00	三栏式
6	交易性金融资产	公允价值变动	0.00	三栏式
7	短期借款	工商银行	1 535 000.00	三栏式
8	短期借款	建设银行	350 000.00	三栏式
9	长期借款	工行技术改造款	1 068 000.00	三栏式

表 3-6 资产核算明细账户余额情况

序号	资产核算明细账户				
	总账科目	明细科目	数量	余额	账页格式
1	原材料	A 材料	10 000	154 400.00	数量金额式
2	原材料	B 材料	12 000	154 200.00	数量金额式
3	原材料	C 材料	400	123 000.00	数量金额式
4	原材料	D 材料	500	128 100.00	数量金额式
5	原材料	E 材料	25 000	141 250.00	数量金额式
6	原材料	F 材料	2 500	11 000.00	数量金额式
7	原材料	H 材料	200	7 160.00	数量金额式
8	原材料	M 材料	400	8 200.00	数量金额式
9	原材料	N 材料	500	9 200.00	数量金额式
10	原材料	P 材料	700	32 760.00	数量金额式
11	原材料	W 材料	300	17 550.00	数量金额式
12	原材料	铜铸件	400	242 000.00	数量金额式
13	原材料	Y-1 套件	100	25 500.00	数量金额式
14	原材料	Y-2 套件	100	24 800.00	数量金额式

表3-6(续)

序号	资产核算明细账户				
	总账科目	明细科目	数量	余额	账页格式
15	原材料	G-30 套件	120	57 600.00	数量金额式
16	原材料	G-40 套件	100	45 500.00	数量金额式
17	原材料	油漆	250	3 500.00	数量金额式
18	原材料	稀释剂	95	1 140.00	数量金额式
19	原材料	柴油 90#	5 000	15 600.00	数量金额式
20	原材料	汽油 93#	65	208.00	数量金额式
21	原材料	机油	10	152.00	数量金额式
22	原材料	钢铸件	500	243 000.00	数量金额式
23	低值易耗品	手推车	4	1 400.00	数量金额式
24	低值易耗品	电动机	7	2 800.00	数量金额式
25	低值易耗品	压力表	10	6 000.00	数量金额式
26	低值易耗品	安全钳	10	160.00	数量金额式
27	低值易耗品	扳手	10	240.00	数量金额式
28	低值易耗品	办公桌	0	0.00	数量金额式
29	低值易耗品	沙发	0	0.00	数量金额式
30	低值易耗品	转椅	0	0.00	数量金额式
31	包装物	包装木箱	800	54 400.00	数量金额式
32	库存商品	Y-1 甲产品（240 台，每名 1 625 元）	240	390 000.00	数量金额式
33	库存商品	Y-2 乙产品（240 台，每台 1 750 元）	240	420 000.00	数量金额式
34	库存商品	G-30 丙产品（300 台，每台 2 010 元）	300	603 000.00	数量金额式
35	库存商品	G-40 丁产品（250 台，每台 2 184 元）	250	546 000.00	数量金额式
36	发出商品	南湖公司（G-30 丙产品 75 台）	75	150 750.00	数量金额式
37	材料采购	长江器材厂	0	0.00	三栏式
38	材料采购	长源机械厂	0	0.00	三栏式
39	材料采购	蓉城器材厂	0	0.00	三栏式

表3-6（续）

序号	资产核算明细账户				
	总账科目	明细科目	数量	余额	账页格式
40	材料采购	嘉州配件厂	0	0.00	三栏式
41	材料采购	红叶铸造厂	0	0.00	三栏式
42	材料采购	胜利铸造厂	0	0.00	三栏式
43	材料采购	星辉仪器厂	0	0.00	三栏式
44	材料成本差异	原材料成本差异	0	53 392.00	三栏式
45	固定资产	加工车间——厂房或办公楼		1 600 000.00	三栏式
46	固定资产	加工车间——机器设备		543 000.00	三栏式
47	固定资产	装配车间——厂房或办公楼		800 000.00	三栏式
48	固定资产	装配车间——机器设备		740 000.00	三栏式
49	固定资产	维修车间——厂房或办公楼		300 000.00	三栏式
50	固定资产	维修车间——机器设备		232 300.00	三栏式
51	固定资产	厂部——厂房或办公楼		1 050 000.00	三栏式
52	固定资产	厂部——机器设备		300 520.00	三栏式
53	固定资产	厂部——汽车		150 000.00	三栏式
54	固定资产	出租固定资产——机器设备		100 000.00	三栏式
55	累计折旧			（贷）2 822 520.00	三栏式
56	固定资产清理			9 300.00	三栏式
57	在建工程	生产线工程		503 760.00	三栏式
58	无形资产	专利权		360 000	三栏式
59	累计摊销	专利权摊销		（贷）55 000	三栏式
60	固定资产减值准备			0.00	三栏式
61	待处理财产损溢	待处理流动资产损溢		0.00	三栏式

表 3-7　往来核算明细账户余额情况

总账科目	明细科目	余额	本年借方累计发生额	本年贷方累计发生额	账页格式
应付账款	胜利铸造厂	364 000.00			三栏式
应付账款	星辉仪器厂	267 000.00			三栏式
应付账款	长源机械厂	117 305.00			三栏式
应付票据	商业承兑汇票——红叶铸造厂	43 620.00			三栏式
应付票据	长源机械厂	0.00			三栏式
预付账款	低值易耗品摊销	603.00			三栏式
预付账款	财产保险费	1 997.00			三栏式
预付账款	报刊费	400.00			三栏式
应付利息	预提短期借款利息	29 520.00			三栏式
其他应付款	待领工资——李明	540.00			三栏式
应收账款	明星公司	0.00			三栏式
应收账款	南湖公司	0.00			三栏式
应收账款	振兴公司	124 000.00			三栏式
应收账款	清远公司	140 000.00			三栏式
应收账款	东风公司	150 000.00			三栏式
应收账款	黄河公司	50 000.00			三栏式
应收账款	常兴公司	0.00			三栏式
坏账准备		（贷）2 320			三栏式
预收账款	蓉配件厂	0.00			三栏式
应收股利	天府公司	0.00			三栏式
应付股利	新华公司	0.00			三栏式
应收股利	万达机器厂	0.00			三栏式
应付股利	光明公司	0.00			三栏式
应收票据	商业承兑汇票	53 000.00			三栏式
其他应收款	运输公司	2 500.00			三栏式
其他应收款	李云辉	2 400.00			三栏式
其他应收款	张兴	900.00			三栏式

表3-7(续)

总账科目	明细科目	余额	本年借方累计发生额	本年贷方累计发生额	账页格式
其他应收款	厂办备用金	2 000.00			三栏式
其他应收款	王进	3 000.00			三栏式
其他应收款	王星	0.00			三栏式
其他应收款	张辉	0.00			三栏式
其他应收款	李平	0.00			三栏式
主营业务收入	甲产品	0.00	5 852 000.00	5 852 000.00	三栏式
主营业务收入	乙产品	0.00	5 880 000.00	5 880 000.00	三栏式
主营业务收入	丙产品	0.00	6 770 000.00	6 770 000.00	三栏式
主营业务收入	丁产品	0.00	6 400 000.00	6 400 000.00	三栏式
其他业务收入	B 材料	0.00			三栏式
其他业务收入	固定资产出租业务	0.00	50 896.00	50 896.00	三栏式
投资收益		0.00			三栏式
其他业务成本	固定资产出租业务	0.00	36 187.00	36 187.00	三栏式
其他业务成本	A 材料	0.00			三栏式
主营业务成本	甲产品	0.00	4 530 000.00	4 530 000.00	三栏式
主营业务成本	乙产品	0.00	4 608 000.00	4 608 000.00	三栏式
主营业务成本	丙产品	0.00	5 187 000.00	5 187 000.00	三栏式
主营业务成本	丁产品	0.00	5 324 700.00	5 324 700.00	三栏式
公允价值变动损益		0.00	0.00	0.00	三栏式

表 3-8 成本费用核算明细账户余额情况

总账科目	明细科目	余额	本年借方累计发生额	本年贷方累计发生额	账页格式
生产成本	加工车间 Y-1 甲半成品——直接材料	10 000.00			多栏式
生产成本	加工车间 Y-1 甲半成品——直接人工	3 280.00			多栏式

表3-8(续)

总账科目	明细科目	余额	本年借方累计发生额	本年贷方累计发生额	账页格式
生产成本	加工车间 Y-1 甲半成品——制造费用	4 150.00			多栏式
生产成本	加工车间 Y-2 乙半成品——直接材料	9 750.00			多栏式
生产成本	加工车间 Y-2 乙半成品——直接人工	3 052.00			多栏式
生产成本	加工车间 Y-2 乙半成品——制造费用	3 850.00			多栏式
生产成本	加工车间 G-30 丙半成品——直接材料	20 800.00			多栏式
生产成本	加工车间 G-30 丙半成品——直接人工	5 104.00			多栏式
生产成本	加工车间 G-30 丙半成品——制造费用	7 582.00			多栏式
生产成本	加工车间 G-40 丁半成品——直接材料	20 500.00			多栏式
生产成本	加工车间 G-40 丁半成品——直接人工	1 192.00			多栏式
生产成本	加工车间 G-40 丁半成品——制造费用	1 600.00			多栏式
生产成本	装配车间 Y-1 甲产品——半成品	8 600.00			多栏式
生产成本	装配车间 Y-1 甲产品——直接材料	2 550.00			多栏式
生产成本	装配车间 Y-1 甲产品——直接人工	2 150.00			多栏式
生产成本	装配车间 Y-1 甲产品——制造费用	1 440.00			多栏式

表3-8(续)

总账科目	明细科目	余额	本年借方累计发生额	本年贷方累计发生额	账页格式
生产成本	装配车间 Y-2 乙产品——半成品	16 500.00			多栏式
生产成本	装配车间 Y-2 乙产品——直接材料	3 720.00			多栏式
生产成本	装配车间 Y-2 乙产品——直接人工	2 460.00			多栏式
生产成本	装配车间 Y-2 乙产品——制造费用	2 050.00			多栏式
生产成本	装配车间 G-30 丙产品——半成品	16 800.00			多栏式
生产成本	装配车间 G-30 丙产品——直接材料	9 600.00			多栏式
生产成本	装配车间 G-30 丙产品——直接人工	2 520.00			多栏式
生产成本	装配车间 G-30 丙产品——制造费用	2 465.00			多栏式
生产成本	装配车间 G-40 丁产品——半成品	9 310.00			多栏式
生产成本	装配车间 G-40 丁产品——直接材料	4 550.00			多栏式
生产成本	装配车间 G-40 丁产品——直接人工	1 900.00			多栏式
生产成本	装配车间 G-40 丁产品——制造费用	1 635.00			多栏式
生产成本	辅助生产成本	0.00			多栏式（明细见下表）
制造费用	加工车间	0.00			多栏式（明细见下表）
制造费用	装配车间	0.00			多栏式（明细见下表）
销售费用	运输装卸费	0.00	28 809.00	28 809.00	多栏式
销售费用	包装费	0.00	426 000.00	426 000.00	多栏式

表3-8(续)

总账科目	明细科目	余额	本年借方累计发生额	本年贷方累计发生额	账页格式
销售费用	展览费	0.00	58 800.00	58 800.00	多栏式
销售费用	广告费	0.00	350 000.00	350 000.00	多栏式
销售费用	其他	0.00	9 811.00	9 811.00	多栏式
财务费用	利息	0.00	170 354.00	170 354.00	多栏式
财务费用	银行手续费	0.00	11 246.00	11 246.00	多栏式
管理费用	工资及福利	0.00	393 860.00	393 860.00	多栏式
管理费用	职工保险及公积金	0.00	563 640.00	563 640.00	多栏式
管理费用	折旧修理及财产保险	0.00	206 291.00	206 291.00	多栏式
管理费用	物料消耗摊销	0.00	77 350.64	77 350.64	多栏式
管理费用	工会及教育经费	0.00	69 338.36	69 338.36	多栏式
管理费用	税金	0.00	77 000.00	77 000.00	多栏式
管理费用	办公及其他	0.00	191 500.00	191 500.00	多栏式
应付职工薪酬	职工工资	0.00			三栏式
应付职工薪酬	职工福利	19 920.00			三栏式
应付职工薪酬	社会保险	0.00			三栏式
应付职工薪酬	住房公积金	0.00			三栏式
应付职工薪酬	公会经费	2 284.00			三栏式
应付职工薪酬	职工教育经费	8 678.00			三栏式
税金及附加		0.00	195 097.00	195 097.00	三栏式
所得税费用		0.00	650 000.00	650 000.00	三栏式
营业外收入		0.00	213 269.00	213 269.00	三栏式
营业外支出		0.00	269 231.00	269 231.00	三栏式
资产处置损益		0.00	0.00	0.00	三栏式
资产减值损失		0.00	0.00	0.00	三栏式
信用减值损失		0.00	0.00	0.00	三栏式

“制造费用”和“辅助生产成本”的明细内容如表3-9所示：

表 3-9 “制造费用”和“辅助生产成本”的明细内容

工资及福利费	折旧及修理费	办公及水电费	材料消耗摊销	劳保及保险费	其他	合计

二、材料等明细账资料

1. 主要材料明细表

主要材料明细如表 3-10 所示，可以根据此表开设数量金额明细账。

表 3-10 主要材料明细

材料名称	规格	单位	数量	计划单价/元	金额/元
A 材料	φ-8	千克	10 000	15. 44	154 400
B 材料	φ-10	千克	12 000	12. 85	154 200
C 材料	5mm	m^2	400	307. 50	123 000
D 材料	3mm	m^2	500	256. 20	128 100
E 材料	φ-18	千克	25 000	5. 65	141 250
F 材料	φ-20	千克	2 500	4. 40	11 000
H 材料	R-1	件	200	35. 80	7 160
M 材料	R-2	件	400	20. 50	8 200
N 材料	R-3	件	500	18. 40	9 200
P 材料	R-4	件	700	46. 80	32 760
W 材料	R-5	件	300	58. 50	17 550
钢铸件		件	500	486	243 000
铜铸件		件	400	605	242 000
Y-Ⅰ套件		套	100	255	25 500
Y-Ⅱ套件		套	100	248	24 800
G-30 套件		套	120	480	57 600
G-40 套件		套	100	455	45 500
合计					1 425 220

2. 辅助材料及燃料明细表

辅助材料及燃料明细表如表 3-11 所示，可以根据此表开设数量金额明细账。

表 3-11　辅助材料及燃料明细表

材料名称	计量单位	数量	计划单价/元	金额/元
油漆	千克	250	14	3 500
稀释剂	千克	95	12	1 140
柴油 90#	升	5 000	3. 12	15 600
汽油 93#	升	65	3. 20	208
机油	升	10	15. 20	152
合计				20 600

3. 在库低值易耗品明细表

在库低值易耗品明细表如表 3-12 所示，可以根据此表开设数量金额明细账。

表 3-12　在库低值易耗品明细表

名称	计量单位	数量	单价/元	金额/元
压力表	只	10	600	6 000
电动机	台	7	400	2 800
手推车	辆	4	350	1 400
安全钳	把	10	16	160
扳手	把	10	24	240
合计				10 600

4. 加工车间 11 月末基本生产成本明细账资料

在产品成本，据以开设 12 月基本生产成本明细账如表 3-13 所示：

表 3-13　加工车间 11 月末基本生产成本明细账　　单位：元

产品名称	直接材料	直接人工	制造费用	合计
Y-Ⅰ甲半成品（20 台）	10 000	3 280	4 150	17 430
Y-Ⅱ乙半成品（15 台）	9 750	3 052	3 850	16 652
G-30 丙半成品（40 台）	20 800	5 104	7 582	33 486

表3-13(续)

产品名称	直接材料	直接人工	制造费用	合计
G-40 丁半成品（25 台）	20 500	1 192	1 600	23 292
合计	61 050	12 628	17 182	90 860

5. 装配车间 11 月末基本生产成本明细账资料

在产品成本，据以开设 12 月该车间基本生产成本明细账，如表 3-14 所示：

表 3-14　装配车间 11 月末基本生产成本明细账　　单位：元

产品名称	半成品	直接材料	直接人工	制造费用	合计
Y-Ⅰ甲产品（10 台）	8 600	2 550	2 150	1 440	14 740
Y-Ⅱ乙产品（15 台）	16 500	3 720	2 460	2 050	24 730
G-30 丙产品（20 台）	16 800	9 600	2 520	2 465	31 385
G-40 丁产品（10 台）	9 310	4 550	1 900	1 635	17 395
合计	51 210	20 420	9 030	7 590	88 250

6. 固定资产类目表

固定资产类目表如表 3-15 所示：

表 3-15　固定资产类目表　　单位：元

部门或车间	厂房或办公楼	机器设备	汽车	合计
加工车间	1 600 000	543 000		2 143 000
装配车间	800 000	740 000		1 540 000
维修车间	300 000	232 300		532 300
厂部	1 050 000	300 520	150 000	1 500 520
出租固定资产		100 000		100 000
合计	3 750 000	1 915 820	150 000	5 815 820

三、期间费用账户各明细项目 1~11 月累计发生额

销售费用各明细项目 1~11 月累计发生额如表 3-16 所示：

表 3-16　销售费用各明细项目 1~11 月累计发生额　　单位：元

运输装卸费	包装费	展览费	广告费	其他	合计
28 809.00	426 000.00	58 800.00	350 000.00	9 811.00	873 420.00

财务费用各明细项目 1~11 月累计发生额如表 3-17 所示：

表 3-17　财务费用 各明细项目 1~11 月累计发生额　　单位：元

利息	银行手续费	汇兑损失	合计
170 354.00	11 246.00		181 600.00

管理费用各明细项目 1~11 月累计发生额如表 3-18 所示：

表 3-18　管理费用各明细项目 1~11 月累计发生额　　单位：元

工资及福利费	职工保险及公积金	折旧、修理及财产保险费	物料消耗摊销	工会及教育经费	税金	办公费用及其他费用	合计
393 860	563 640	206 291	77 350.64	69 338.36	77 000	191 500	1 578 980

四、200×年 11 月 30 日资产负债表及 11 月利润表

1. 资产负债表

阳光有限公司 200×年 11 月 30 日资产负债表如表 3-19 所示：

表 3-19　资产负债表

编制单位：阳光有限公司　　200×年 11 月 30 日　　单位：元

资产	期末余额	期初余额	负债和所有者权益	期末	期初余额
流动资产：			流动负债：		
货币资金	708 093	1 097 860	短期借款	1 885 000	3 130 000
交易性金融资产	55 000	25 000	交易性金融负债		
衍生金融资产			衍生金融负债		
应收票据	53 000	5 800	应付票据	43 620	43 670
应收账款	461 680	555 210	应付账款	748 305	527 000

表3-19（续）

资产	期末余额	期初余额	负债和所有者权益	期末	期初余额
应收款项融资			预收款项		
预付款项	3 000	3 800	合同负债		
其他应收款	10 800		应付职工薪酬	30 882	17 362
存货	3 853 072	3 190 550	应交税费	298 928	136 500
合同资产			其他应付款	30 060	116 388
持有待售资产			持有待售负债		
一年内到期的非流动资产			一年内到期的非流动负债		432 000
其他流动资产			其他流动负债		
流动资产合计	5 144 645	4 878 220	流动负债合计	3 036 795	4 402 920
非流动资产：			非流动负债：		
债权投资			长期借款	1 068 000	1 068 000
其他债权投资			应付债券		
长期应收款			其中：优先股		
长期股权投资	603 260	385 000	永续债		
其他权益工具投资			租赁负债		
其他非流动金融资产			长期应付款		
投资性房地产			预计负债		
固定资产	2 993 300	3 350 000	递延收益		
在建工程	503 760	249 200	递延所得税负债		
生产性生物资产			其他非流动负债		
油气资产			非流动负债合计	1 068 000	1 068 000
使用权资产			负债合计	4 118 915	5 470 920
无形资产	305 000	360 000	所有者权益（或股东权益）：		
开发支出			实收资本（或股本）	3 000 000	3 000 000
商誉			其他权益工具		
长期待摊费用			其中：优先股		
递延所得税资产			永续债		
其他非流动资产			资本公积	181 020	210 000

表3-19(续)

资产	期末余额	期初余额	负债和所有者权益	期末	期初余额
非流动资产合计	4 414 620	4 344 200	减：库存股		
			其他综合收益		
			专项储备		
			盈余公积	320 500	320 500
			未分配利润	1 952 950	221 000
			所有者权益合计	5 454 470	3 751 500
资产总计	9 559 265	9 222 420	负债和所有者权益总计	9 559 265	9 222 420

2. 利润表

阳光有限公司11月利润表如表3-20所示：

表3-20 利润表

编制单位：阳光有限公司　　200×年11月　　单位：元

项目	本年累计金额
一、营业收入	24 952 896
减：营业成本	19 685 887
税金及附加	195 097
销售费用	873 420
管理费用	1 578 980
财务费用	181 600
资产减值损失	
信用减值损失	
加：公允价值变动收益（损失以“-”号填列）	0
投资收益（损失以“-”号填列）	
其中：对联营企业和合营企业的投资收益	
资产处置损益（损失以“-”号填列）	
二、营业利润（亏损以“-”号填列）	2 437 912
加：营业外收入	213 269
减：营业外支出	269 231

表3-20（续）

项目	本年累计金额
三、利润总额（亏损总额以“-”号填列）	2 381 950
减：所得税费用	650 000
四、净利润（净亏损以“-”号填列）	1 731 950
五、每股收益：	
（一）基本每股收益	
（二）稀释每股收益	

五、有关企业单位开户行，账号一览表

有关企业单位开户行、账号信息如表 3-21 所示：

表 3-21　有关企业单位开户行、账号

企业名称	开户行名称	账号
红叶铸造厂	交行新兴支行	024-86764425
清远公司	泸城工行大安分理处	036-48302611
市电视台	工行玉双分理处	510-38486768
常兴公司	工行石安分理处	034-42307212
胜利铸造厂	赤城工行蒲阳路分理处	023-38745240
大地公司	工行东风路分理处	240-31740324
振兴公司	工行雅州路分理处	032-32403840
家具商场	工行府青路分理处	240-31740225
运输公司	工行东街分理处	240-35273642
华瑞公司	工行南门分理处	240-32876451
劳保商店	工行东风路分理处	240-30187423
成套机电设备公司	交行清江分理处	062-02487642
华星商业集团	工行路西分理处	240-30742984

表3-21(续)

蓉城税务局高新分局	工行城西分理处	510-49543664
华夏宾馆	工行玉希分理处	510-54786234
长源机械厂	广元市工行嘉陵分理处	330-47895432
高山机械厂	工行三苏分理处	280-83454624
市电话局	工行东郊分理处	024-38456272
市排水管理站	工行大桥分理处	024-39472644
职工疗养院	工行塔山分理处	024-38462638
保险公司	工行东风路分理处	024-29764832
南湖公司	江城工行中山分理处	582-07845392
市装修公司	工行东街分理处	024-38304754
市石油公司	工行东郊分理处	024-27623424
民生公司	工行草堂分理处	240-21544849
星辉仪器厂	盐城工行北郊分理处	720-49543246
利民公司	工行星桥分理处	024-36843724
东风公司	水城工行南山分理处	360-28454321
长江器材厂	重庆市工行沿江分理处	023-27654344
嘉州配件厂	重庆市工行双碑分理处	023-27638432
黄河公司	广安市工行前锋分理处	340-27654112
长红公司	重庆市工行长安分理处	023-28454327
明星公司	春城工行大观分理处	380-34584566
蓉城器材厂	蓉城工行新街分理处	390-54384523
市建材公司	工行东郊分理处	024-27623534
市电力局	农行科华北路支行	017-45564565
木棕厂	工行红河分理处	024-2764359
建材公司	工行东郊分理处	024-27623534

第四节　各岗位资料分配清单

企业根据各岗位分工和业务办理需要，配备相关的办公用品和账证资料，如每个岗位需要配备文件筐、岗位牌、票夹、账夹等，其他资料分配如表 3-22 所示：

表 3-22　账证资料分配表

岗位	账页格式和印章	凭证种类
总经理	总经理章、合同专用章、单位公章	
会计主管	三栏式总账	编码单
	三栏式明细账	科目汇总表
	增值税多栏账	税金及附加计算表
	财务科长章	增值税计算表
	财务专用章	所得税计算表
	印泥/直尺/剪刀/胶水	会计报表
	回形针/针线/封面等	
出纳	现金日记账	现金支票
	银行存款日记账	转账支票
	三栏式明细账	通用记账凭证
	印泥	委托银行收款
	出纳员章	转账进账单
	盒章	电汇凭证
	现金	付款承诺书
		费用报销单
		借款单

表3-22(续)

岗位	账页格式和印章	凭证种类
资产会计	数量金额明细账	固定资产折旧计算表
	三栏式明细账	无形资产摊销表
	附件章/印泥	固定资产竣工验收单
		材料成本差异计算表
		通用记账凭证
往来会计	三栏式明细账	通用记账凭证
	附件章/印泥	坏账准备计提表
成本费用会计	生产成本多栏明细账	领料单
	通用多栏账	制造费用分配表
	三栏式明细账	辅助成本分配表
	附件章/印泥	入库单
		工资分配表
		社保计算表
		工资结算汇总表
		通用记账凭证
业务员	发票专用章	领料单
	印泥	收料单
		出库单
		增值税专用发票
仓库	库存数量账	商品牌
主客体银行	银行存款日记账	网上银行电子回单
	结算章/印泥	计收、付利息清单
	业务章/印泥	银行（承兑）汇票
供应商	发票专用章	增值税专用发票
	印泥	普通发票
		委托银行收款
客户	财务专用章	转账支票
	印泥	电汇凭证
		商业承兑汇票

表3-22(续)

岗位	账页格式和印章	凭证种类
物流公司	发票专用章/印泥	增值税专用发票
税务局	税务章/印泥	完税凭证

记账凭证和原始凭证种类和数量繁多，可以参考表 3-23 进行预分配，每种凭证先配备少量，用完后再补充，避免浪费凭证。

表 3-23　凭证预分配

凭证种类	使用岗位
记账凭证	出纳、资产会计、往来会计、成本费用会计
编码单	会计主管
科目汇总表	会计主管
税金及附加计算表	会计主管
现金支票	出纳、客户
转账支票	出纳、客户
进账单	出纳、客户
商业承兑汇票	出纳、客户
委托银行收款	出纳、供应商
固定资产折旧计算表	资产会计
无形资产摊销表	资产会计
成本差异计算表	资产会计
领料单	成本费用会计、业务员
制造费用分配表	成本费用会计
辅助生产成本分配表	成本费用会计
入库单	成本费用会计
收料单	业务员
出库单	业务员
网上银行电子回单	主体银行
增值税专用发票	业务员、供应商、物流公司
普通发票	供应商

表3-23(续)

凭证种类	使用岗位
完税凭证	税务局
固定资产验收竣工单	资产会计
工资分配表	成本费用会计
工资结算汇总表	成本费用会计
计收利息清单	主体银行
计付利息清单	主体银行
银行承兑汇票	主体/客体银行
电汇凭证	出纳
付款承诺书	出纳
费用报销单	出纳
借款单	出纳
存货数量账页	仓库

第五节　实训操作案例公司经济业务资料

（1）12 月 1 日，向利民公司销售 Y-Ⅱ乙产品 50 台，每台售价 2 660 元，价税合计 150 290 元，货已自提运回，收到转账支票已送存银行。

原始凭证：①增值税专用发票（记账联）；

②进账单（回单联）。

业务程序（图 3-2）：

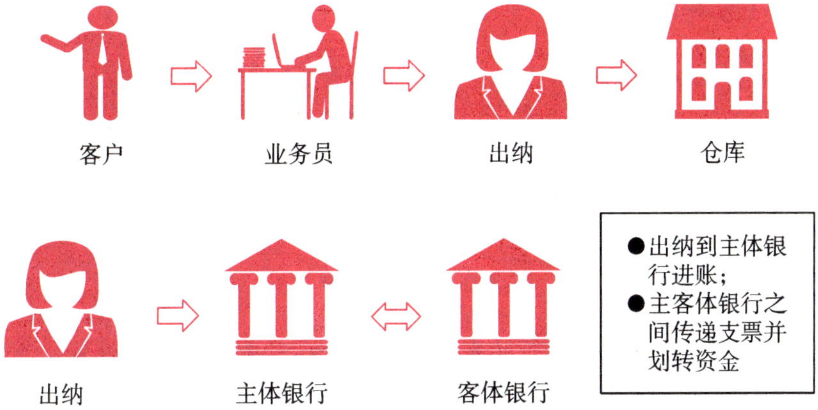

图 3-2　业务程序 1

账务程序（图 3-3）：

图 3-3　账务程序 1

（2）12 月 1 日，李云辉出差返回，报销差旅费共计 2 560 元，抵扣原借支款 2 400 元，余款出纳以现金付讫。

原始凭证：差旅费报销单。

业务程序（图 3-4）：

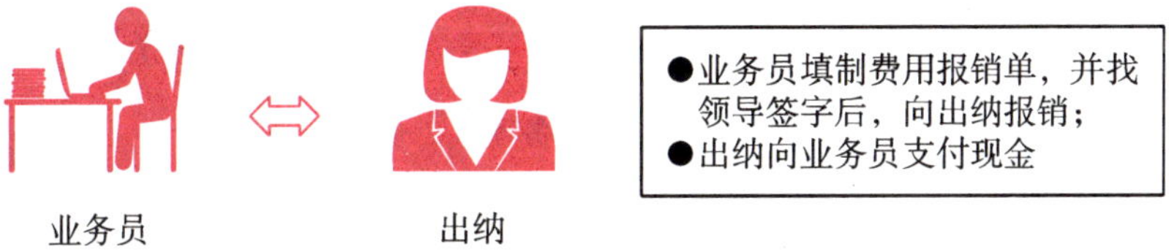

图 3-4　业务程序 2

账务程序（图 3-5）：

图 3-5　业务程序 2

（3）12 月 1 日，收到工商银行转来红叶铸造公司托收凭证支款通知，支付应付票据款 43 620 元，经查实票据已到期，同意付款。

说明：先由我方补开三个月前的商业承兑汇票并承兑，再由对方办来托收。

原始凭证：托收凭证（支款通知）。

业务程序（图 3-6）：

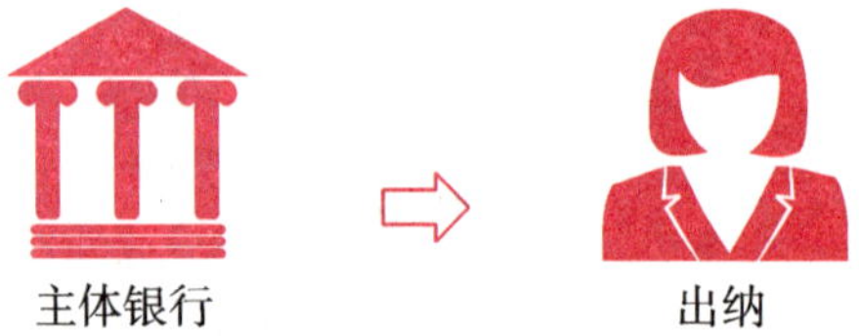

图 3-6　业务程序 3

账务程序（图 3-7）：

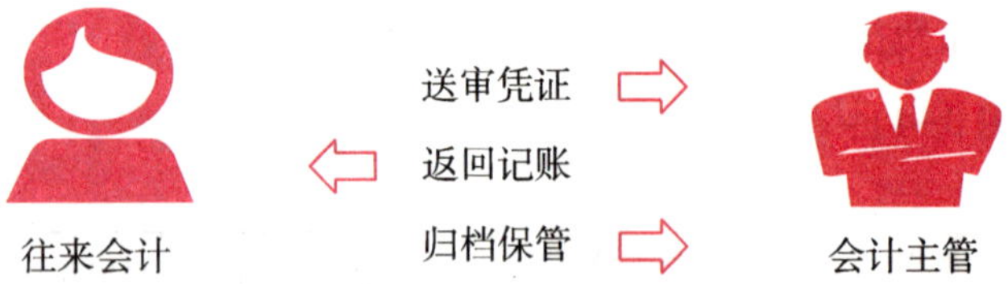

图 3-7　账务程序 3

（4）12 月 1 日，收到工商银行转来清远公司支付货款的电子回单，收到货款 140 000 元已入账。

原始凭证：工行网银电子回单。

业务程序（图 3-8）：

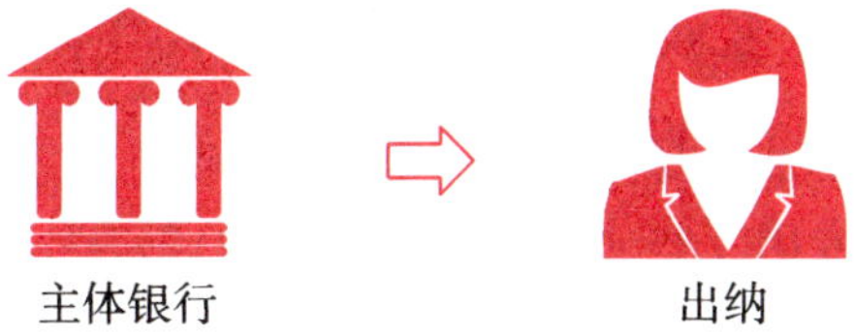

图 3-8　业务程序 4

账务程序（图 3-9）：

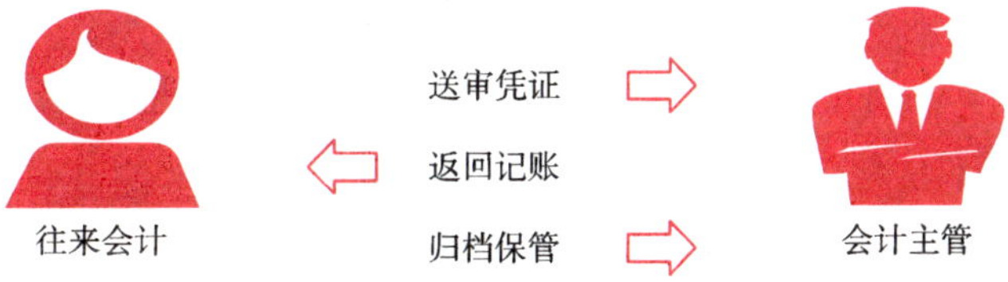

图 3-9　账务程序 4

（5）12 月 1 日，公司部办公室购进零星办公用品 78 元，打印、复印企业评估资料款 380 元，两项合计 458 元，经审核无误后，以现金补足其备用金。

原始凭证：①办公用品普通发票（发票联）；

②复印费普通发票（发票联）。

业务程序（图 3-10）：

图 3-10　业务程序 5

账务程序：

图 3-11　账务程序 5

（6）12 月 1 日，签发转账支票 1 张，支付市电视台本月产品销售广告费，增值税专用发票上注明价款 4 500 元，税额 270 元。

原始凭证：①转账支票（存根）

②增值税专用发票（抵扣联、发票联）。

业务程序（图 3-12）：

图 3-12　业务程序 6

账务程序（图 3-13）：

图 3-13　账务程序 6

（7）12 月 1 日，生产科下达任务工单，加工车间本月投产甲产品 200 台，乙产品 225 台，丙产品 160 台，丁产品 225 台，共同领用各种原材料合计 957 200 元（表 3-24），并按原材料定额费用分配原材料费用（表 3-25）。

表 3-24　领料单

材料名称	A 材料	B 材料	C 材料	D 材料	E 材料
领用数量	9 000 千克	9 000 千克	250 平方米	200 平方米	20 000 千克
材料名称	H 材料	M 材料	N 材料	钢铸件	铜铸件
领用数量/件	200	320	450	425	385

表 3-25　加工车间材料费用分配表

项目	定额费用/元	分配率	应分配材料费/元
Y-Ⅰ甲半成品	197 000.00		200 565.70

表3-25(续)

项目	定额费用/元	分配率	应分配材料费/元
Y-Ⅱ乙半成品	236 700.00		240 984.27
G-30丙半成品	232 000.00		236 199.20
G-40丁半成品	274 500.00		279 450.83
合计	940 200.00	$\frac{957\ 200}{940\ 200}=1.018\ 1$	957 200.00

原始凭证：①领料单（财务联）；

②材料费用分配表（自制）。

业务程序（图3-14）：

图3-14　业务程序7

账务程序（图3-15）：

图3-15　业务程序8

（8）12月2日，装配车间领用原材料一批，合计170 199元，其中甲产品领用P材料180件，Y-Ⅰ套件80套；乙产品领用P材料220件，Y-Ⅱ套件100套；丙产品领用P材料180件，G-30套件100套；丁产品领用W材料230件，G-40套件80套。

原始凭证：①领料单；

②原材料费用分配表。

业务程序（图 3-16）：

图 3-16　业务程序 8

账务程序（图 3-17）：

图 3-17　账务程序 8

（9）12 月 2 日，根据合同销售给常兴公司 Y-Ⅰ甲产品 20 台，每台售价 2 600 元；G-30丙产品 20 台，每台售价 2 800 元，价税合计 122 040 元。仓库发运时领用木箱 40 个，每个成本价 68 元，（木箱随货发出不单独计价，作为销售费用处理）。产品已交运输部门发运，并签发转账支票代垫运费及增值税，运费增值税专用发票上价款 1 000 元，增值税 90 元，上述款项已办妥托收手续。

原始凭证：①增值税专用发票（记账联）；

②转账支票（存根）；

③木箱领用单（记账联）；

④托收凭证（回单联）。

业务程序（图 3-18）：

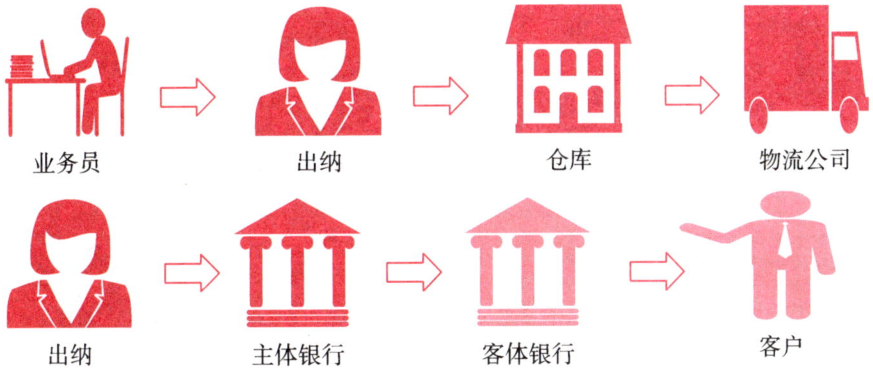

图 3-18 业务程序 9

账务程序（图 3-19）：

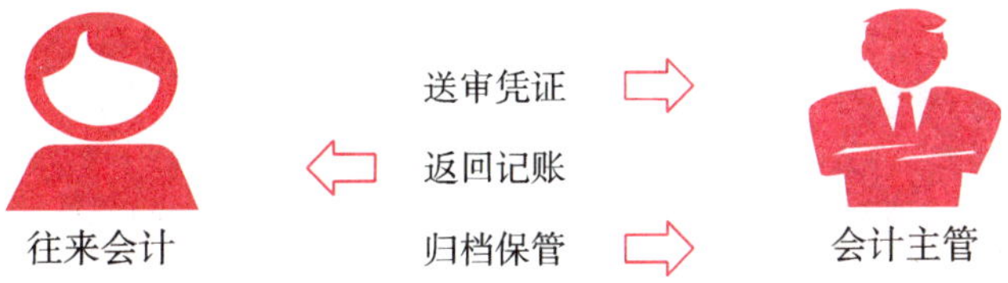

图 3-19 账务程序 9

（10）12 月 2 日，银行转来胜利铸造公司托收凭证支款通知，附增值税专用发票（发票联、抵扣联）以及运费专用发票（发票联、抵扣联）和提货单，发来 R-Ⅰ型 H 材料 400 件，每件售价 31 元，增值税 1 612 元；另外，其代垫运费 1 200 元及增值税 108 元。经审核无误后承付，H 材料尚未运到。

原始凭证：①产品增值税专用发票（发票联、抵扣联）；

②运费增值税专用发票（发票联、抵扣联）；

③托收凭证（支款通知）。

业务程序（图 3-20）：

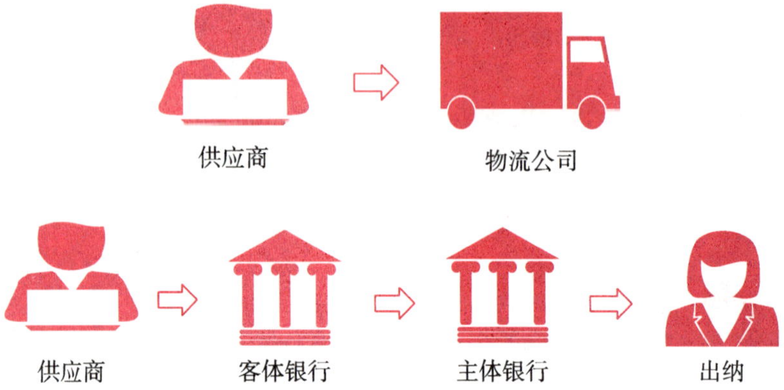

图 3-20　业务程序 10

账务程序（图 3-21）：

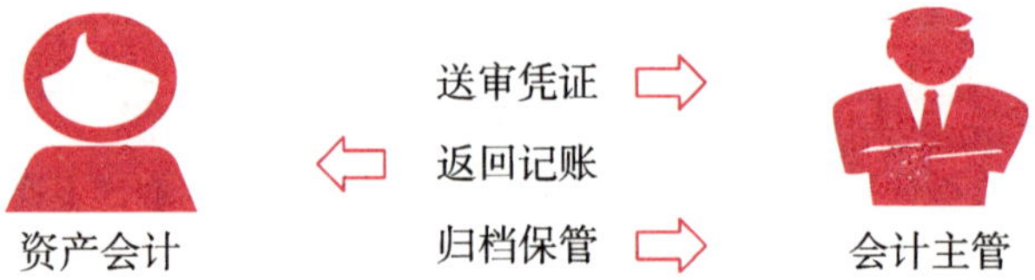

图 3-21　业务程序 11

（11）12 月 3 日，公司采购办公用品一批，直接交付使用，合计 185 元，出纳以现金补足备用金付。

原始凭证：普通发票（发票联）。

业务程序（图 3-22）：

图 3-22　业务程序 11

账务程序（图 3-23）：

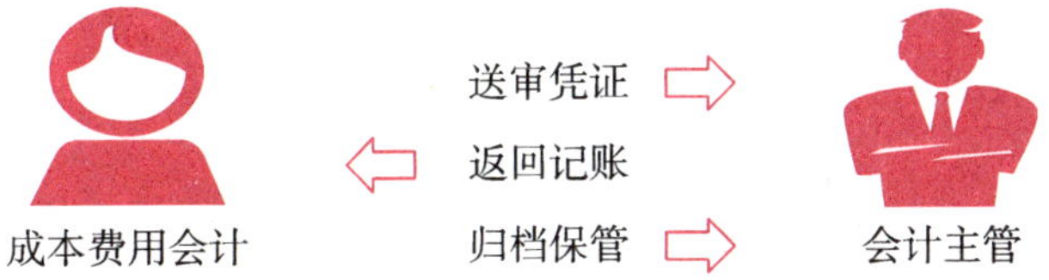

图 3-23　账务程序 11

（12）12 月 3 日，销售给大地公司 G-40 丁产品 15 台，每台售价 3 040 元，大地公司已将丁产品自提运走，价税合计 51 528 元已通过工行网银收取。

原始凭证：①增值税专用发票（记账联）；

②银行电子回单。

业务程序（图 3-24）：

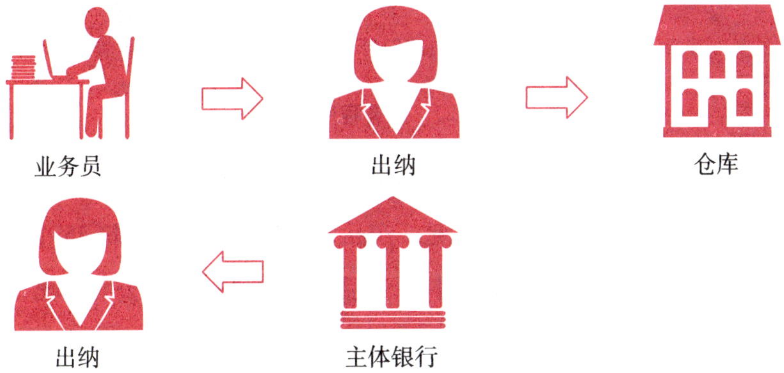

图 3-24　业务程序 12

账务程序（图 3-25）：

图 3-25　账务程序 12

（13）12 月 4 日，工商银行转来收款电子回单，上月 27 日向振兴公司托收款项 124 000元已收妥入账。

原始凭证：①银行电子回单；

②托收凭证（收账通知）。

业务程序（图 3-26）：

图 3-26　业务程序 13

账务程序：

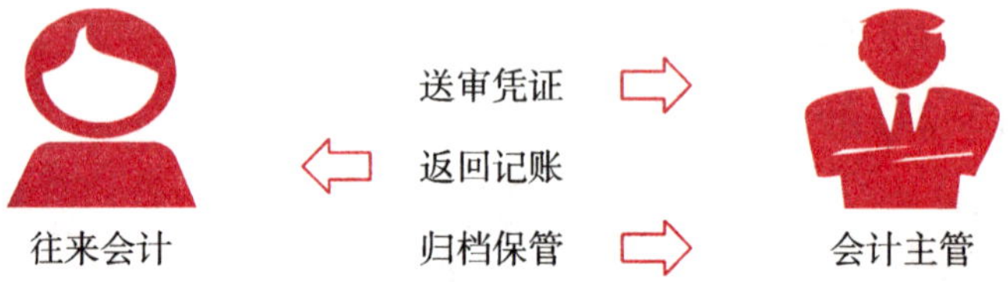

图 3-27　账务程序 13

（14）12 月 4 日，根据销售合同，赊销给清远公司 Y-Ⅱ乙产品 40 台，每台售价 2 800 元，G-40 丁产品 35 台，每台售价 3 200 元。产品发运时领用包装木箱 75 个，每个成本价 68 元（木箱处理方法同前，作为销售费用）。产品已委托通达物流公司运出，并签发转账支票代垫运杂费与增值税，增值税专用发票上注明价款 4 000 元，增值税 360 元。上述款项暂未收取。

原始凭证：①增值税专用发票（记账联）；

②转账支票（存根）；

③木箱领用单（记账联）。

业务程序（图 3-28）：

图 3-28　业务程序 14

账务程序（图 3-29）：

图 3-29　账务程序 14

（15）12 月 4 日，加工车间领用压力表 2 只，每只 600 元；领用电动机 2 台，每台 400 元；领用手推车一辆，每辆 350 元，共计 2 350 元。

原始凭证：低值易耗品领用单。

业务程序（图 3-30）：

图 3-30　业务流程 15

账务程序（图 3-31）：

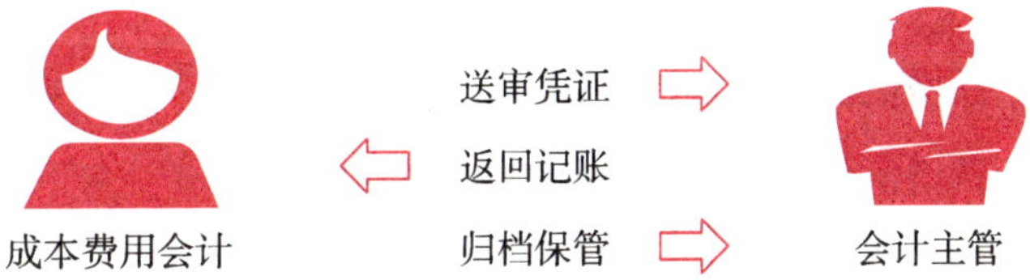

图 3-31　账务流程 15

（16）12 月 4 日，从红星家具公司购进办公桌 4 张，单价 500 元；转椅 4 把，单价 400 元；沙发 2 套，单价 800 元；取得增值税专用发票上注明价款 5 200 元，增值税 676 元，家具公司已送货上门，库房已验收。上述款项已签发转账支票付讫。

原始凭证：①增值税专用发票（发票联、抵扣联）；

②收料单（记账联）；

③转账支票（存根）。

业务程序（图 3-32）：

图 3-32　业务程序 16

账务程序（图 3-33）：

图 3-33　账务程序 16

（17）12 月 5 日，从红叶铸造公司购回钢铸件 200 件，每件 440 元，取得增值税专用发票注明价款 88 000 元，增值税 11 440 元，签发转账支票支付汽车运输公司运费，取得增值税专用发票注明价款 5 040 元，增值税 453.6 元。钢铸件 200 件已经仓库验收，应红叶铸造公司要求，签发为期 3 个月的银行承兑汇票，汇票金额为 99 440 元，已交付红叶铸造公司。

原始凭证：①产品增值税专用票（发票联、抵扣联）；

②运费增值税专用发票（发票联、抵扣联）；

③转账支票（存根）；

④收料单（记账联）；

⑤银行承兑汇票（存根联）；

⑥材料成本差异计算表。

业务程序（图 3-34）：

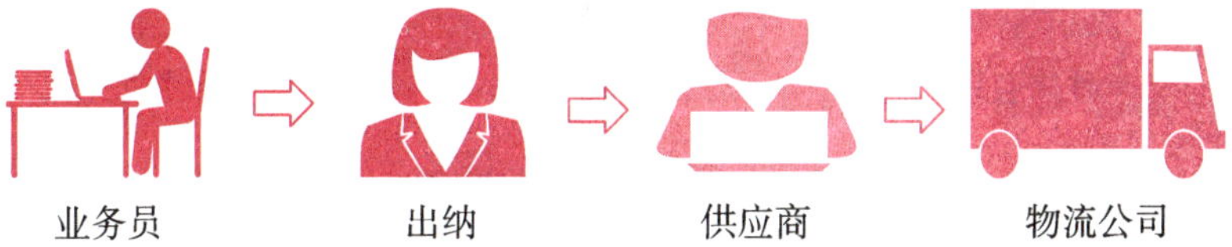

图 3-34　业务程序 17

账务程序（图 3-35）：

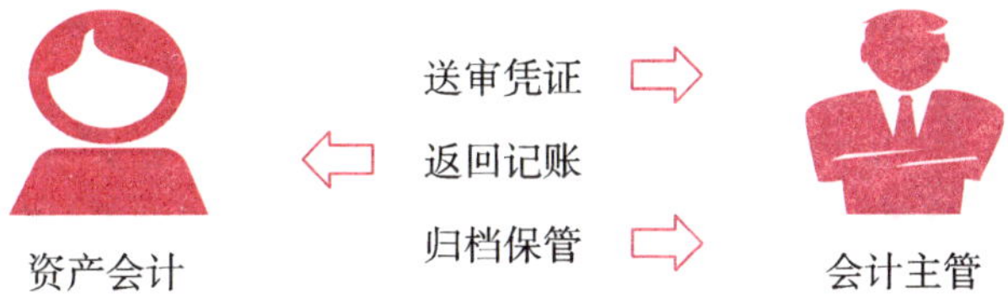

图 3-35　账务程序 17

（18）12 月 5 日，向华瑞公司销售 G-30 丙产品 10 台，每台售价 3 325 元，价税合计 37 572.50元，已收到转账支票并送存银行。丙产品华胜公司已提走。

原始凭证：①增值税专用发票（记账联）；

②进账单（回单）。

业务程序（图 3-36）：

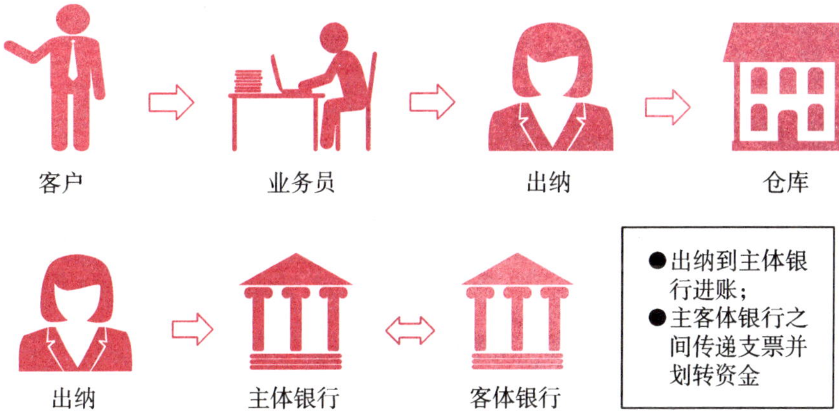

图 3-36　业务程序 18

账务程序：

图 3-37　账务程序 18

（19）12 月 5 日，行政部办公室领用办公桌 2 张，每张 500 元；转椅 2 把，每把 400 元；沙发 2 套，每套 800 元。

原始凭证：领料单（记账联）。

业务程序（图 3-28）：

图 3-38　业务程序 19

账务程序（图 3-39）：

图 3-39　业务程序 19

（20）12 月 5 日，从振兴公司购进加工车间用生产设备一台，价款 100 000 元，税款 13 000 元；价税合计 113 000 元，生产设备已送货上门，并已验收。上述款项已签发转账支票付讫。

原始凭证：①增值税专用发票（发票联，抵扣联）；

②转账支票（存根）。

业务程序（图 3-40）：

图 3-40　**业务程序** 20

账务程序（图 3-41）：

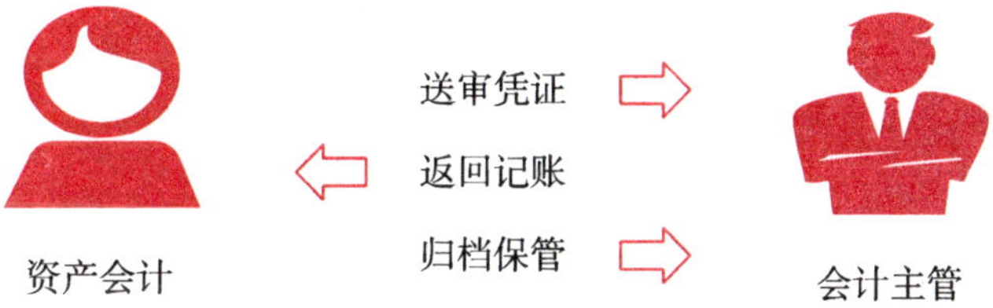

图 3-41　**账务程序** 20

（21）12 月 6 日，装配车间李立出差，借支差旅费 2 000 元，出纳以现金支付。

原始凭证：差旅费借款单。

业务程序（图 3-42）：

图 3-42　**业务程序** 21

账务程序（图 3-43）：

图 3-43　**账务程序** 21

（22）12月6日，向常兴公司销售B材料1 000千克，每千克售价20元，价税合计22 600元，工行网银已收款。常兴公司已将材料提走。

原始凭证：①增值税专用发票（记账联）；

②工行网银电子回单；

③出库单。

业务程序（图3-44）：

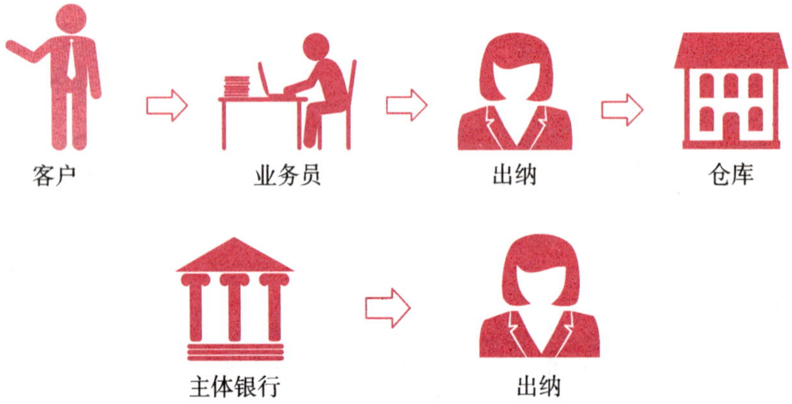

图3-44　业务程序22

账务程序（图3-45）：

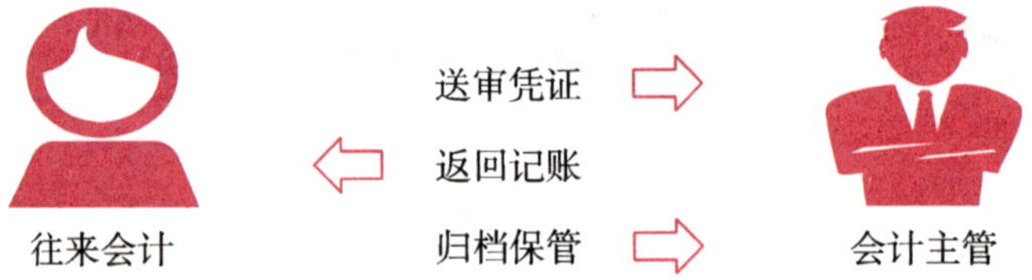

图3-45　账务程序22

（23）12月6日，厂办向劳保商店购进劳保用品一批，取得增值税专用发票注明价款5 480元，增值税712.4元，直接交各部门领用，其中加工车间2 650元，装配车间2 100元，维修车间320元，管理部门410元。签发转账支票付讫。

原始凭证：①增值税专用发票（发票联、抵扣联）；

②转账支票存根；

③劳保用品领用表。

业务程序（图 3-46）：

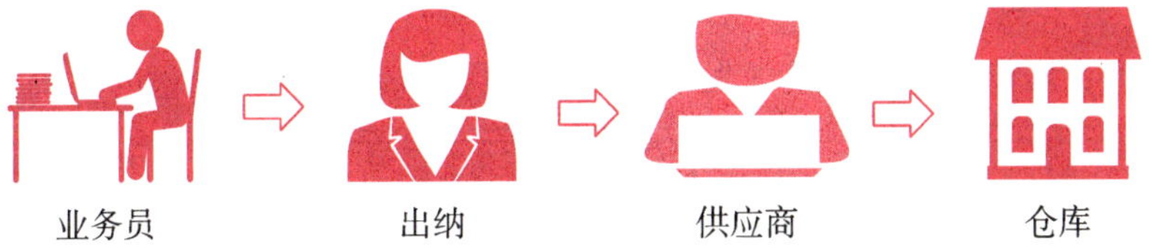

图 3-46　业务程序 23

账务程序（图 3-47）：

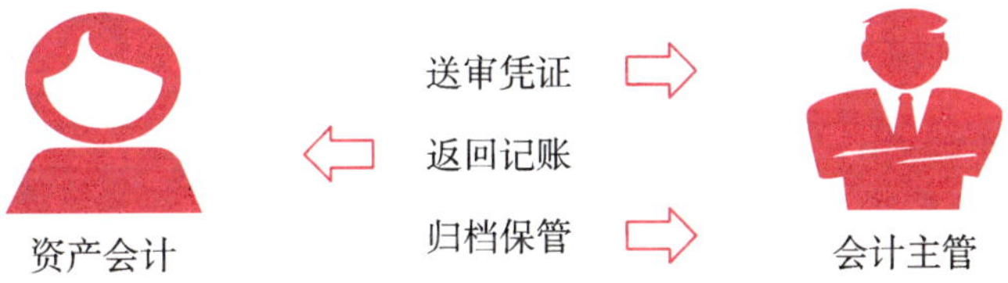

图 3-47　账务程序 23

（24）12 月 6 日，维修车间领用 5mm 的 C 材料 $4m^2$，3mm 的 D 材料 $2m^2$。

原始凭证：领料单（记账联）。

业务程序（图 3-48）：

图 3-48　业务程序 24

账务程序（图 3-49）：

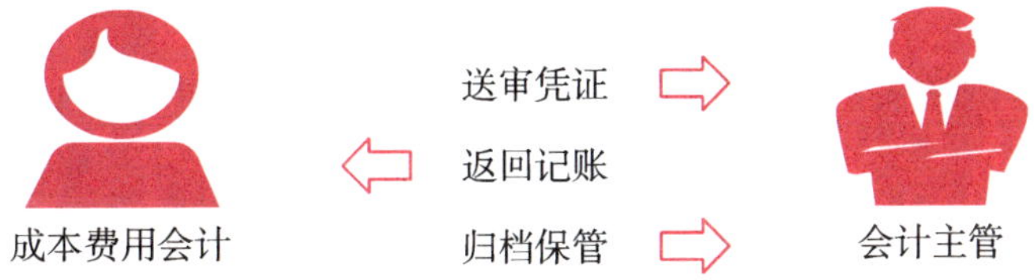

图 3-49　账务程序 24

（25）12 月 7 日，小车驾驶员交来购油增值税专用发票，其中 93#汽油 8 升（每升 50 元），机油 4 升（每升 25 元）；价款合计 500 元，税款合计 65 元，出纳以现金付讫。

原始凭证：增值税专用发票（发票联、抵扣联）。

业务程序（图 3-50）：

图 3-50　业务程序 25

账务程序（图 3-51）：

图 3-42　账务程序 25

（26）12 月 7 日，召开产品订货会期间，开支业务招待费 2 848 元，取得增值税专用发票注明增值税 170. 88 元，用工行网银付讫。

原始凭证：①增值税专用发票（发票联、抵扣联）；

②工行网银电子回单。

业务程序（图 3-52）：

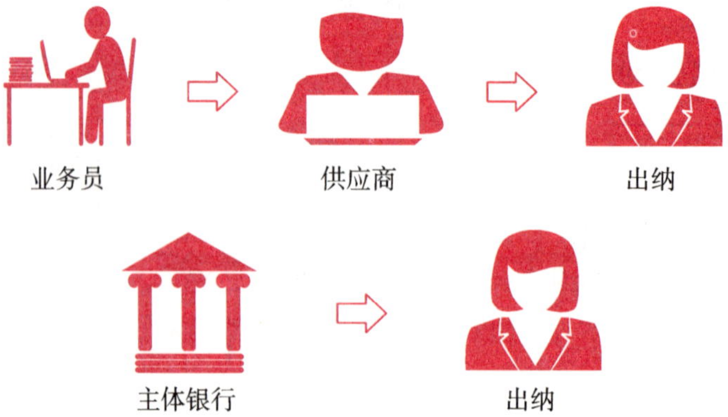

图 3-52　业务程序 26

账务程序（图 3-53）：

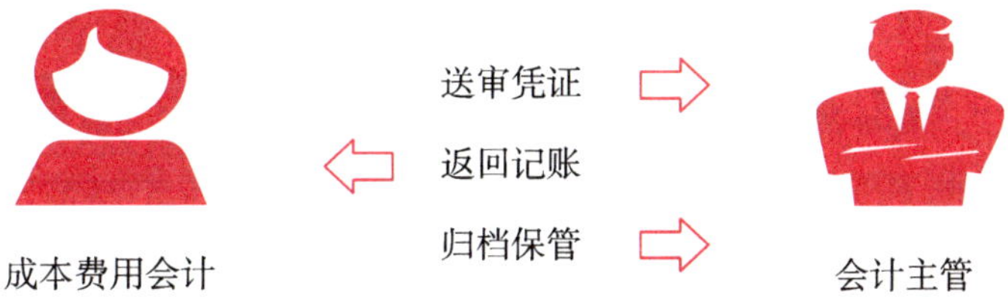

图 3-53　账务程序 26

（27）12 月 7 日，用工行网银支付邮局预订下一年度报刊费，取得增值税专用发票，发票注明价款 5 400 元，增值税款 324 元。

原始凭证：①增值税专用发票（发票联、抵扣联）；

②工行网银电子回单。

业务程序（图 3-54）：

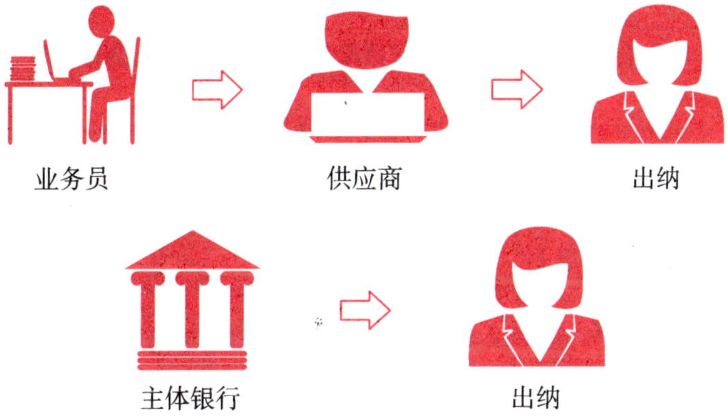

图 3-54　业务程序 27

账务程序（图 3-55）：

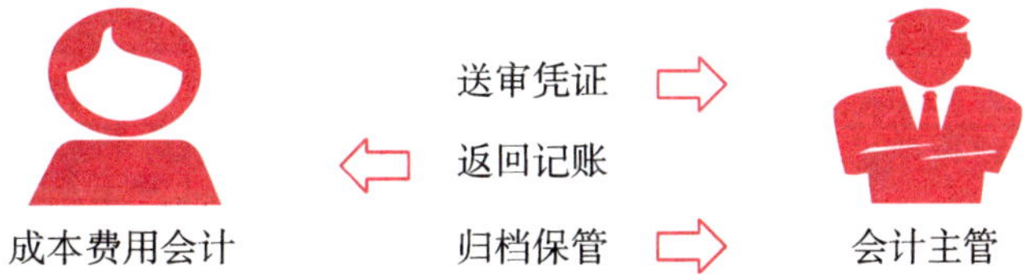

图 3-55　账务程序 27

(28) 12 月 8 日，装配车间张辉出差，借支差旅费 2 000 元，出纳以现金支付。

原始凭证：差旅费借款单。

业务程序（图 3-56）：

图 3-56　业务程序 28

账务程序（图 3-57）：

图 3-57　账务程序 28

(29) 12 月 8 日，运输公司交来转账支票一张，偿付原欠赔偿款 2 500 元。

原始凭证：进账单（回单）。

业务程序（图 3-58）：

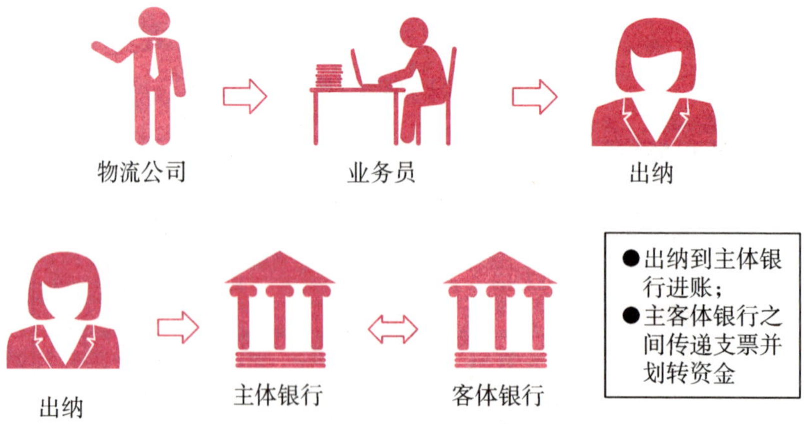

图 3-58　业务程序 29

账务程序（图 3-59）：

图 3-59　账务程序 29

（30）12 月 8 日，用工行网银向蓉城税务局高新分局交纳未交增值税 65 000 元，交纳所得税217 428元。

原始凭证：①增值税、所得税完税凭证；

②工行网银电子回单。

业务程序（图 3-60）：

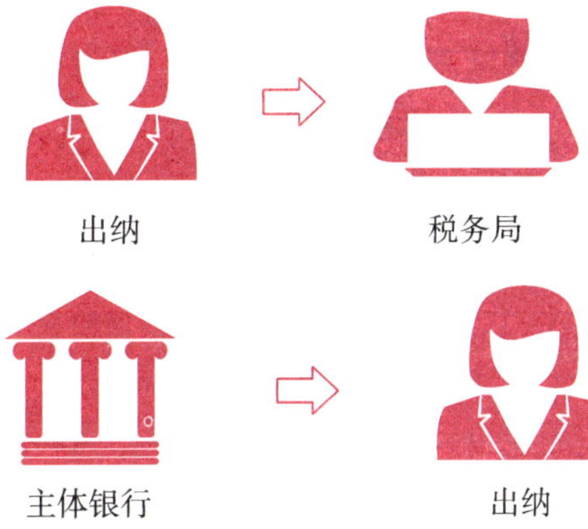

图 3-60　业务程序 30

账务程序（图 3-61）：

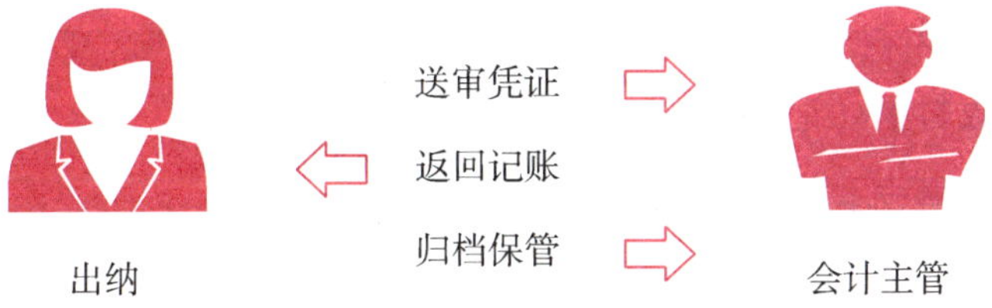

图 3-61　账务程序 30

（31）12 月 8 日，用工行网银向蓉城税务局高新分局交纳城乡维护建设税 10 850 元及教育费附加5 650元。

原始凭证：①城乡维护建设税及教育费附加完税凭证；

②工行网银电子回单。

业务程序（图 3-62）：

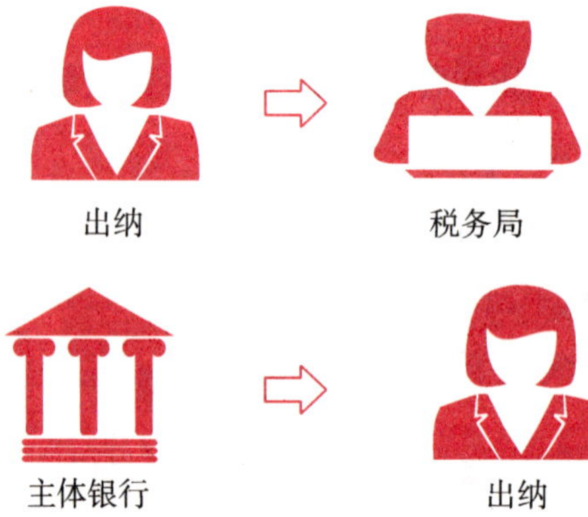

图 3-62　业务程序 31

账务程序（图 3-63）：

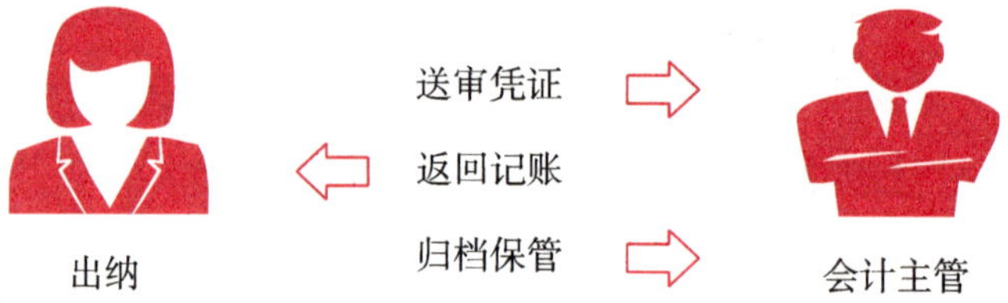

图 3-63　账务程序 31

（32）12 月 8 日，胜利铸造厂发来 R-Ⅰ型 H 材料 400 件运到，经仓库验收入库（该业务链接第 10 笔业务）。

原始凭证：①收料单（记账联）；

②材料成本差异计算表。

业务程序（图 3-64）：

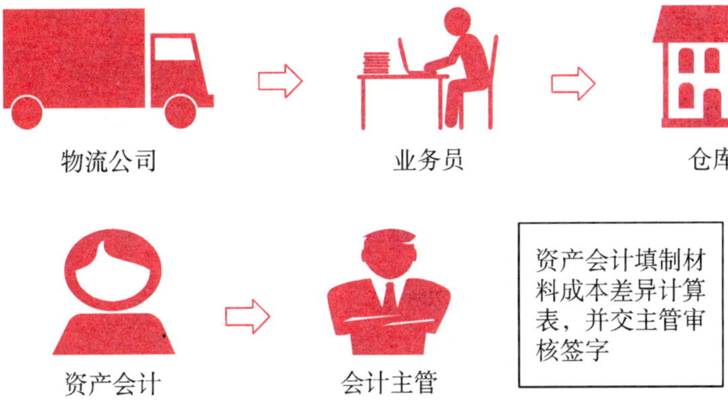

图 3-64　业务程序 32

账务程序（图 3-65）：

图 3-65　账务程序 32

(33) 12 月 8 日，签发现金支票 1 张，提现金 4 000 元备用。

原始凭证：现金支票存根。

业务程序（图 3-66）：

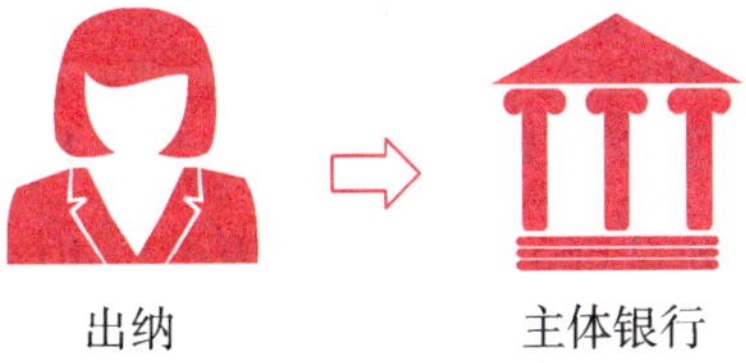

图 3-66　业务程序 33

账务程序（图 3-67）：

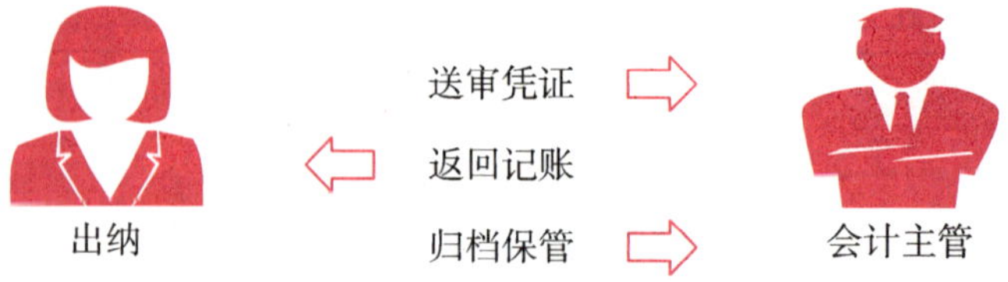

图 3-67　账务程序 33

（34）12 月 8 日，报销职工医药费 5 246 元 ，出纳以现金付讫。

原始凭证：医药费报销单。

业务程序（图 3-68）：

图 3-68　业务程序 34

账务程序（图 3-69）：

图 3-69　账务程序 34

（35）12 月 8 日，销售给华星商业集团如下产品：Y-Ⅰ甲产品 30 台，每台售价 2 470 元，Y-Ⅱ乙产品 30 台，每台售价 2 660 元，G-30 丙产品 40 台，每台售价 3 325 元，全部价税合计 324 197 元已收到转账支票并送存银行。

原始凭证：①增值税专用发票（记账联）；

②进账单（回单）。

业务程序（图 3-70）：

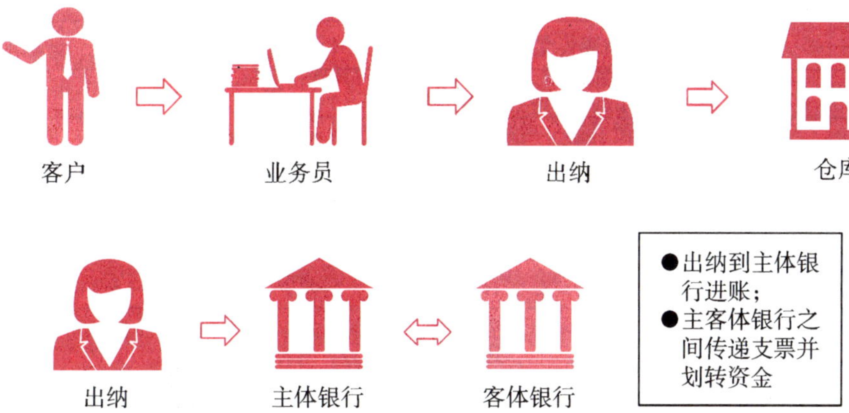

图 3-70　业务程序 35

账务程序（图 3-71）：

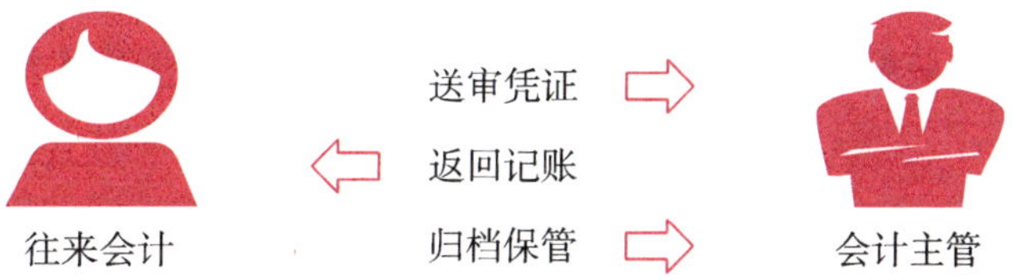

图 3-71　账务程序 35

（36）12 月 9 日，向成套机电设备公司购进生产线工程 A-5 专用设备一套，取得增值税专用发票，发票注明价款 360 000 元，税款 46 800 元，当即交付安装，款项用工行网银付讫。

原始凭证：①增值税专用发票（发票联、抵扣联）；

②工行网银电子回单。

业务程序（图 3-72）：

图 3-72　业务程序 36

账务程序（图 3-73）：

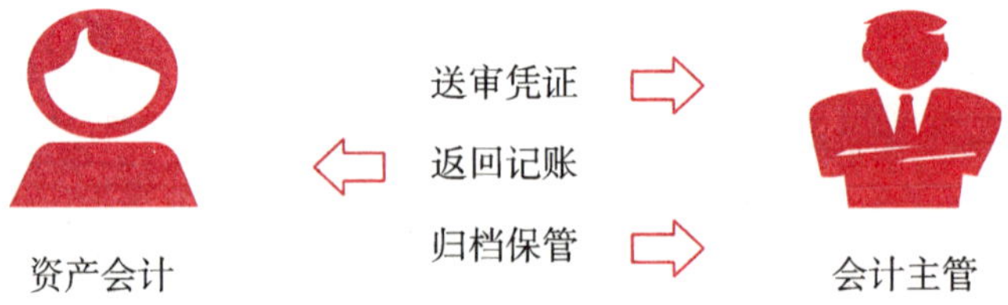

图 3-73　账务程序 36

（37）12 月 9 日，装配车间领用安全钳 5 把，每把 16 元；扳手 5 把，每把 24 元，领用时一次核销。

原始凭证：领料单。

业务程序（图 3-74）：

图 3-74　业务程序 37

账务程序（图 3-75）：

图 3-75　账务程序 37

（38）12 月 9 日，收到东风公司银行汇票一张，偿付前欠货款 150 000 元，汇票已送存银行并取回进账回单。

原始凭证：进账单（回单）。

业务程序（图 3-76）：

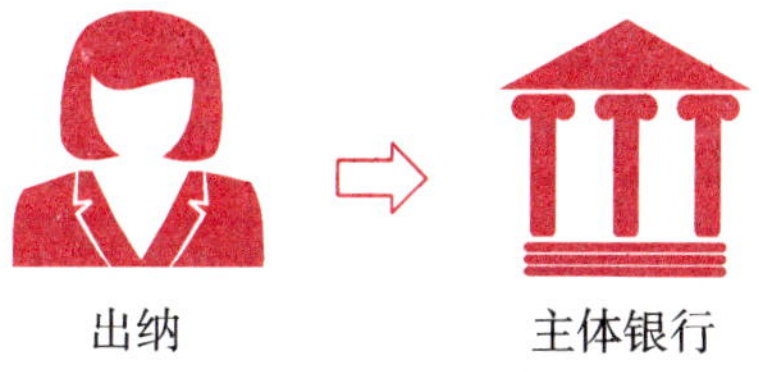

图 3-76　业务程序 38

账务程序（图 3-77）：

图 3-77　账务程序 38

（39）12 月 9 日，签发建行转账支票 1 张，支付市安装公司生产线工程安装调费，取得对方开具的增值税专用发票，注明价款 50 000 元，税款 6 500 元。

原始凭证：①增值税专用发票（发票联、抵扣联）；

②建行转账支票存根。

业务程序（图 3-78）：

图 3-78　业务程序 39

账务程序（图 3-79）：

图 3-79　账务程序 39

（40）12 月 10 日，将生产线工程借款利息 68 000 元计入生产线工程成本。

原始凭证：工行借款利息单。

业务程序（图 3-80）：

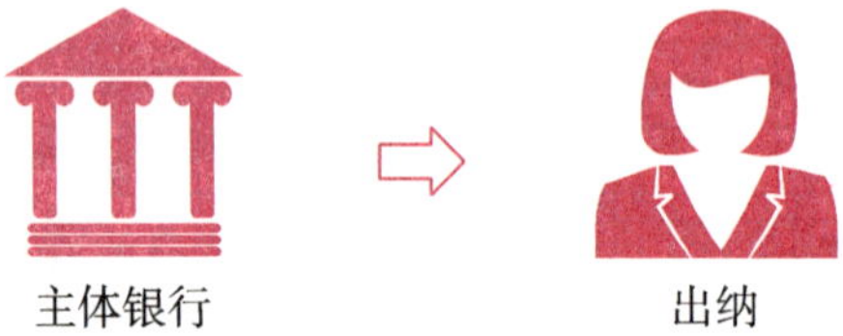

图 3-80　业务程序 40

账务程序（图 3-81）：

图 3-81　账务程序 40

（41）12 月 10 日，生产线工程经验收合格并交付加工车间使用，该工程成本为 981 760元。

原始凭证：固定资产竣工验收单（自制）。

业务程序（图 3-82）：

图 3-82　业务程序 41

账务程序（图 3-83）：

图 3-83　账务程序 41

（42）12 月 10 日，根据合同发给东风公司下列产品：

Y-Ⅰ甲产品 30 台，每台售价 2 600 元；

G-30 丙产品 30 台，每台售价 3 500 元；

G-40 丁产品 30 台，每台售价 3 200 元。

全部价税合计 315 270 元。随货发出木箱 90 个，每个成本 68 元（列销售费用）。另签发转账支票代垫运费 1 635 元，取得运费发票注明价款 1 500 元，增值税额 135 元。上述货款及代垫运费已办妥托收。

原始凭证：①增值税专用发票（记账联）；

②包装物领用单（记账联）；

③转账支票存根；

④托收凭证（回单）。

业务程序（图 3-84）：

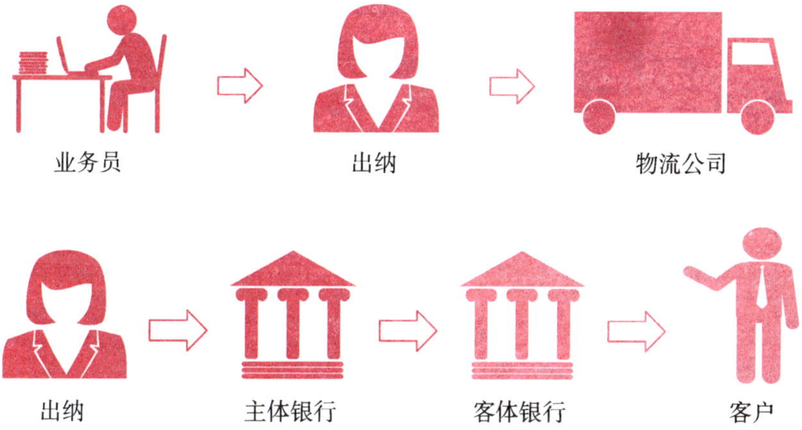

图 3-84　业务程序 42

账务程序（图 3-85）：

图 3-85　账务程序 42

（43）12 月 10 日，银行转来长江器材厂托收凭证支款通知，附销售产品增值税专用发票（发票联、抵扣联）以及运费增值税专用发票（发票联、抵扣联）。发来 φ-8A 材料6 000千克，每千克 14.9 元，另代垫运费价税合计 1 962 元，经审核无误承付，材料尚未运到。

原始凭证：①销售产品增值税专用发票（发票联、抵扣联）；

②运费增值税专用发票（发票联、抵扣联）；

③托收凭证（支款通知）。

业务程序（图 3-86）：

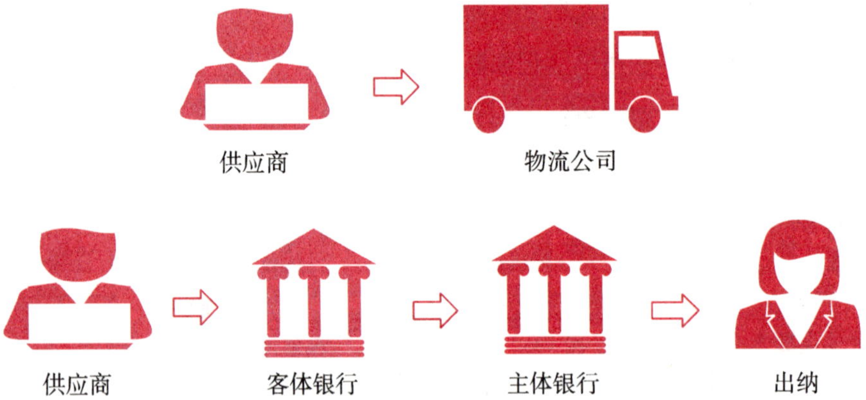

图 3-86　业务程序 43

账务程序（图 3-87）：

图 3-87　账务程序 43

（44）12 月 10 日，持银行预留印鉴，到开户银行填写手续费发票和空白凭证领用单，购买转账支票 10 本，支票手续费 15 元/本，每本价格 5 元，相关款项直接从银行账户扣除。（不考虑增值税）

原始凭证：①手续费发票联；

②银行电子回单。

业务程序（图 3-88）：

图 3-88　业务程序 44

账务程序（图 3-89）：

图 3-89　账务程序 44

（45）12 月 11 日，根据各车间、部门工资结算单编制工资结算汇总表（表 3-26），委托工商银行代为发放工资，工资发放清单以软盘形式同时送交银行，并经银行审核无误，同时根据工资结算表结转代扣款项。注：独生子女补贴不属于工资总额组成，不通过应付工资核算，支付时直接计入管理费用。应由个人负担的养老保险，医疗保险、失业保险，住房公积金是按上年月平均工资的相应比例计算的，个人所得税是按当月工资与个人所得税法规定计算代扣的，代扣的个人所得税先通过“应交税费——应交个人所得税”核算，住房公积金及各保险通过“应付职工薪酬”的住房公积金、社会保险费项目核算①。

原始凭证：①网银电子回单；

②工资结算汇总表。

① 从第 3 轮业务即 12 月 11 日开始，不再给出业务程序和账务程序示意图，具体请参照前两轮业务。

表 3-26 工资结算汇总

单位：元

部门		基本工资	岗位工资	补贴	应扣病假工资	应付工资	独生子女补贴	代扣款项						实发工资
								养老保险	医疗保险	失业保险	住房公积	个人所得税	合计	
加工车间	生产工人	29 920	24 640	7 568	256	61 872	115	4 608	1 152	576	4 608	125. 50	11 069. 50	50 917. 50
	管理人员	3 800	3 640	688	108	8 020	10	600	150	75	600	86. 30	1 511. 30	6 518. 70
	小计	33 720	28 280	8 256	364	69 892	125	5 208	1 302	651	5 208	211. 80	12 580. 30	57 436. 20
装配车间	生产工人	27 200	22 400	6 880	706	55 774	105	4 152	1 038	519	4 152	102. 50	9 963. 50	45 915. 50
	管理人员	2 900	2 880	516	80	6 216	15	464	116	58	464	72. 80	1 174. 80	5 056. 20
	小计	30 100	35 280	7 396	786	61 990	120	4 616	1 154	577	4 616	175. 30	11 138. 30	50 971. 70
维修车间		5 600	5 320	1 376	132	12 164	10	904	226	113	904	82	2 229. 00	9 945. 00
企业管理人员		13 500	14 400	2 572	224	30 248	25	2 256	564	282	2 256	324. 40	5 682. 40	24 590. 60
医务人员		2 860	2 800	430		6 090	5	456	114	57	456	104. 50	1 187. 50	4 907. 50
合计		85 780	76 080	20 030	1 506	180 384	285	13 440	3 360	1 680	13 440	898. 00	32 818. 00	147 851. 00

（46）12 月 11 日，按上年月平均工资总额 168 000 元，计提应由企业负担的养老保险，医疗保险，失业保险及住房公积金。按本月工资总额 180 384 元计提工会经费，职工教育经费。

注意：企业负担的医疗保险费应由职工福利开支，其余各项均在管理费用中列支。

原始凭证：各项保险金经费计提表（表 3-27）

表 3-27　各项保险金经费计提表

计提项目	计提基数	计提率/%	计提金额/元
养老保险金	上年月平均工资总额 168 000 元	20. 5	34 440. 00
住房公积金		8	13 440. 00
医疗保险费		9. 5	15 960. 00
失业保险金		2	3 360. 00
工会经费	本月工资总额 180 384 元	2	3 607. 68
教育经费		1. 5	2 705. 76
合计			73 513. 44

（47）12 月 12 日，银行转来收账通知，清远公司的款项 257 480. 00 元已通过网银收妥入账。（该业务链接第 14 笔业务）

原始凭证：网银电子回单。

（48）12 月 12 日，财务科周林等四人参加会计继续教育培训，签发转账支票支付财大培训费、资料费等共计 1 248 元，取得增值税普通发票。（注：在职工教育经费中列支。）

原始凭证：①增值税普通发票；

②转账支票存根。

（49）12 月 13 日，加工车间和装配车间分别领用 F 材料 500 千克和 800 千克，属车间一般消耗用材料。

原始凭证：领料单。

（50）12 月 13 日，收到嘉州配件厂开来的增值税专用发票（发票联、抵扣联），发来 Y-Ⅰ套件，每套 245 元；Y-Ⅱ套件每套 230 元；各 150 套，价税款合计 80 512.5 元。另附代垫的运费发票（发票联、抵扣联），增值税专用发票是注明的运费 5 000 元，增值税 450 元。套件尚未运到，款项尚未支付。

原始凭证：①套件的增值税专用发票（发票联、抵扣联）；

②运费的增值税专用发票（发票联、抵扣联）。

（51）12 月 13 日，仓库转来收料单，嘉州配件厂发来 Y-Ⅰ套件，Y-Ⅱ套件各 150 件如数验收入库。

原始凭证：①收料单；

②材料成本差异计算表。

（52）12 月 13 日，根据 0056#合同，向振兴公司销售 Y-Ⅰ甲产品 40 台，每台售价 2 600元；Y-Ⅱ乙产品 40 台，每台售价 2 800 元；G-40 丁产品 40 台，每台售价 3 200 元，价税合计 388 720 元，另以转账支票代垫运费 2 180 元，上述款项已办妥托收手续。领用包装木箱 120 个，每个 68 元，作为销售费用处理。

原始凭证：①增值税专用发票（记账联）；

②转账支票存根；

③托收结算凭证（回单）；

④包装物领料单。

（53）12 月 14 日，银行转来电汇结算凭证（收款通知），黄河公司汇来前欠货款 50 000元已收妥入账。

原始凭证：电汇结算凭证（收款通知）。

（54）12 月 14 日，副厂长王星出差借支差旅费 3 000 元，出纳签发现金支票交王星去银行提现。

原始凭证：①借款单；

②现金支票存根。

（55）12 月 14 日，黄河公司前来购买 Y-Ⅰ甲产品 30 台，每台售价 2 470 元；Y-Ⅱ乙产品 30 台，每台售价 2 660 元；G-30 丙产品 60 台，每台售价 3 325 元，价税款合计 399 342元，款项已通过银行转账收讫。发货时领用包装木箱 120 个，每个 68 元（作销售费用处理），上述产品前锋公司已来车自提。

原始凭证：①增值税专用发票（记账联）；

②网银电子回单；

③包装物领料单。

（56）12 月 14 日，收到嘉州配件厂预付下季度购货定金 100 000 元，以转账收讫。

原始凭证：银行电子回单。

（57）12 月 14 日，向市建材公司购进水泥 1 000 千克，单价 0.40 元，木材 3 立方米，单价 800 元，水泥、木材价税合计 3 164 元。已通过网银转账支付。水泥、木材直接交办公楼大修理工程现场验收使用。

原始凭证：①增值税专用发票（发票联、抵扣联）；

②网银电子回单。

（58）12 月 14 日，签发转账支票，购买印花税票 1 240 元，一次摊入税金及附加。

原始凭证：①转账支票存根；

②购印花税发票。

（59）12 月 15 日，办公楼大修理工程领用油漆 50 千克，每千克 14 元，领用稀释剂 10 千克，每千克 12 元。

原始凭证：领料单。

（60）12 月 15 日，收到银行转来市电信局电话专用托收凭证，支付电话费 2 180 元，收到增值税专用发票，注明电话费 2 000 元，增值税 180 元。

原始凭证：①增值税专用发票（发票联、抵扣联）；

②专用托收凭证（付款通知）。

（61）12 月 15 日，银行转来蓉城器材厂托收结算凭证（支款通知）附增值税专用发票（发票联、抵扣联）发来 G-30 套件 100 套，每套售价 480 元；G-40 套件 150 套，每套售价 450 元，价税合计 130 515 元。另附代垫的运费发票（发票联、抵扣联），增值税专用发票是注明的运费 7 000 元，增值税 630 元。合计托收 138 145 元，经公司审核无误同意付款。套件尚未运到。

原始凭证：①套件的增值税专用发票（发票联、抵扣联）；

②运费的增值税专用发票（发票联、抵扣联）；

③托收结算凭证（支款通知）。

（62）12 月 15 日，从人民商场购进纸张、台历等办公用品 1 458 元，取得增值税普通发票，通过网银转账支付。办公用品由各部门直接领用，其中加工车间 326 元，装配车间 458 元，厂办 674 元。

原始凭证：①增值税普通发票（发票联）；

②银行电子回单。

（63）12 月 15 日，收到长源机械厂发来 φ-8A 材料 5 000 千克，每千克 14. 20 元；φ-10B材料 8 000 千克，每千克 12. 50 元，φ-18E 材料 8 000 千克，每千克 5. 20 元，价税合计 240 238 元。另附代垫的运费发票（发票联、抵扣联），增值税专用发票已注明运费 10 000 元，增值税 900 元。该批材料当日验收入库，签发金额为 251 138 元（期限为 3 个月）的银行承兑汇票交付长源机械厂。

原始凭证：①材料的增值税专用发票（发票联、抵扣联）；

②运费的增值税专用发票（发票联、抵扣联）；

③银行承兑汇票存根；

④收料单（记账联）；

⑤材料成本差异计算表。

（64）12 月 15 日，上月欠长源机械厂货款 117 305 元到期，通过网银转账支付。

原始凭证：网银电子回单。

（65）12 月 15 日，装配车间为装配 Y-Ⅰ甲产品领用 Y-Ⅰ套件 120 套，每套 255 元；为装配 Y-Ⅱ乙产品领用 Y-Ⅱ套件 125 套，每套 248 元。

原始凭证：领料单。

（66）12 月 15 日，仓库交来收料单，长江器材厂 φ-8A 材料 6 000 千克运到，并已验收入库。（该业务链接第 43 笔业务）

原始凭证：①收料单（记账联）；

②材料成本差异计算表。

（67）12 月 16 日蓉城器材厂发来 G-30 套件 100 套、G-40 套件 150 套，已验收入库。

原始凭证：①材料成本差异计算表；

②收料单（记账联）。

（68）12 月 16 日，装配车间为装配 G-30 丙产品领用 G-30 套件 60 套，为装配 G-40 丁产品领用 G-40 套件 145 套。

原始凭证：领料单（记账联）。

（69）12 月 16 日，银行转来托收结算凭证收账通知，托收常兴公司货款 123 130.00 元，已收妥入账（该业务链接第 9 笔业务）。

原始凭证：托收结算凭证（收账通知）。

（70）12 月 16 日，长红公司持银行汇票前来购买 G-30 丙产品 50 台，每台售价 3 325 元，G-40 丁产品 50 台，每台售价 3 040 元，价税款合计 359 622.5 元，同时领用包装木箱 100 个，每个成本 68 元（记入销售费用）。产品已由长红公司车队运走。汇票已向银行办妥进账，取回回单。

原始凭证：①增值税专用发票（记账联）；

②进账单回单；

③包装物领用单（记账单）。

（71）12 月 16 日，根据与南湖公司签订的分期收款协议，原发给的 G-30 丙产品 75 台（售价 3 500 元/件），已到货款结算期，开出增值税专用发票寄交南湖公司，款项尚未收到。

原始凭证：①增值税专用发票（记账联）；

②出库单。

（72）12 月 16 日，加工车间技术员王进出差返回，报销差旅费合计 2 096 元，退回现金 904 元，（原借支差旅费为 3 000 元）。

原始凭证：差旅费报销单及所附凭证。

（73）12 月 16 日，银行转来托收结算凭证（收账通知），东风公司货款 316 905 元，已收妥入账。（该业务链接第 42 笔业务）

原始凭证：委托银行收款结算凭证（收账通知）。

（74）12 月 17 日，根据合同发给明星公司一批产品，Y-Ⅰ甲产品 40 台，每台售价 2 600元；G-40 丁产品 40 台，每台售价 3 200 元，价税合计金额为 262 160 元。另以转账支票，代垫铁路运费 5 450 元。发运时领用包装木箱 80 个，每个 68 元（列销售费用）。上述款项尚未收到。

原始凭证：①增值税专用发票（记账联）；

②转账支票存根；

③包装木箱领用单。

（75）12 月 17 日，辅助生产维修车间领用柴油 1 000 升，每升 3.12 元，机油 5 升，每升 15.2 元，合计 3 196 元。

原始凭证：领料单。

（76）12 月 17 日，收到星辉仪器厂寄来的增值税专用发票（发票联、抵扣联），发来 R-3N材料 400 件，每件 18 元；R-4P 材料 400 件，每件 45 元，R-5W 材料 200 件，每件 58 元，价税合计 41 584 元。另附代垫的运费发票（发票联、抵扣联），增值税专用发票注明了运费 1 700 元，增值税 153 元，材料尚未运到，款项尚未支付。

原始凭证：①材料的增值税专用发票（发票联、抵扣联）；

②运费的增值税专用发票（发票联、抵扣联）。

（77）12 月 17 日，维修车间报销购买零星办公用品费 365 元，取得普通发票。出纳以现金支付。

原始凭证：普通购物发票。

（78）12 月 18 日，银行转来托收承付结算凭证（收账通知），振兴公司货款 390 900 元，已收妥入账。

原始凭证：托收承付结算凭证（收账通知）。

（79）12 月 18 日，装配车间张辉出差返回，报销差旅费 1 670 元，退回多借现金 330 元，出纳收讫。

原始凭证：差旅费报销单及所附凭证。

（80）12 月 18 日，签发转账支票向市住房公积金专户缴纳住房公积金 26 880 元。

原始凭证：①转账支票存根；

②住房公积金缴款书。

（81）12 月 18 日，分别签发转账支票向税务局缴纳养老保险金 47 880 元，医疗保险金 19 320 元，失业保险金 5 040 元。

原始凭证：①转账支票存根；

②缴款书。

（82）12 月 19 日，签发流动资金贷款还款凭证偿还生产周转借款 500 000 元。

原始凭证：还款凭证（回单）。

（83）12 月 19 日，银行转来电力公司专用托收凭证（付款通知）托收电费 11 300 元，其中增值税（进项税额）为 1 300 元，取得增值税专用发票。根据电费分配比例，按加工车间 45%，装配车间 40%，维修车间 5%，管理部门 10%进行分配（产品成本中不单独核算动力费用，先在制造费用中核算）。

原始凭证：①增值税专用发票（发票联、抵扣联）；

②专用委托收款凭证（付款通知）；

③电费分配计算表。

（84）12 月 20 日，银行转来自来水公司专用托收凭证（付款通知）托收水费 1 350 元，取得增值税普通发票。根据水费分配比例，按加工车间 45%，装配车间 40%，维修车间 5%，行政管理部门 10%进行分配。

原始凭证：①增值税普通发票（发票联）；

②专用托收凭证（付款通知）；

③水费分配计算表。

（85）12 月 20 日，星辉仪器厂发来的 R-3N 材料 400 件、R-4P 材料 400 件、R-5W 材料 200 件已运到，并如数验收入库。

原始凭证：①收料单（记账联）；

②材料成本差异计算表。

（86）12 月 21 日，向木综厂购进包装木箱 500 个，每个单价 72 元，价税合计40 680 元，签发转账支票付讫。木箱由木综厂送货，已验收入库，木箱按实际成本计价。

原始凭证：①增值税专用发票（发票联、抵扣联）；

②转账支票存根；

③收料单（记账联）。

（87）12 月 21 日，根据合同，向清远公司发售 Y－Ⅱ乙产品 20 台，每台售价 2 800 元，G－30 丙产品 30 台，每台售价 3 500 元，G－40 丁产品 30 台，每台售价 3 200 元，价税合计 290 410 元，另以转账支票代垫运费 3 310 元，上述款项已办妥托收手续。发运时领用包装木箱 80 个，每个 68 元（记入销售费用）。

原始凭证：①增值税专用发票（记账联）；

②转账支票存根；

③包装物领料单（记账联）；

④托收凭证（回单）。

（88）12 月 21 日，收到工商银行和建设银行转来的第四季度短期及临时贷款计收利息清单，本季利息共计 40 473. 75，其中，工行借款计收利息 33 333. 75 元，建行借款计收利息 7 140. 00 元，季内前两月已预提借款利息 29 520 元。

原始凭证：①工行计收利息清单（付款通知）；

②建行计收利息清单（付款通知）。

（89）12 月 21 日，收到工商银行和建设银行转来本季计付利息清单，工行存款计付利息 3 002. 80 元，建行存款计付利息 1 105. 35 元，合计利息 4 108. 15 元。

原始凭证：①工行计付利息清单（收款通知）；

②建行计付利息清单（收款通知）。

（90）12 月 22 日，工行转来电子回单，应收南湖公司款项 296 625. 00 元已收妥入账。

原始凭证：银行电子回单。

（91）12 月 22 日，以现金 876 元支付工商银行办理转账结算手续费。

原始凭证：增值税普通发票。

（92）12 月 23 日，分配本月工资费用并计提职工福利费。加工车间生产工人工资61 872 元，按该车间甲、乙、丙、丁产品生产工时比例分配，其工时分别为：4 000、5 500、4 180 和 5 655。装配车间生产工人工资 55 774 元，也按该车间甲、乙、丙、丁产品生产工时比例分配，其工时分别为：3 200、4 000、3 670 和 4 204。其余人员工资，直接计入相关账户。

原始凭证：工资费用分配及职工福利费计提表（见表 3-28）。

表 3-28　工资费用分配及职工福利费计提　　单位：元

项目			分配标准	分配率	工资分配额	计提职工福利费	合计
基本生产成本	加工车间	甲产品	4 000		12 800	1 792.00	14 592.00
		乙产品	5 500		17 600	2 464.00	20 064.00
		丙产品	4 180		13 376	1 872.64	15 248.64
		丁产品	5 655		18 096	2 533.44	20 629.44
		小计	19 335	3.20	61 872	8 662.08	70 534.08
	装配车间	甲产品	3 200		11 840	1 657.60	13 497.60
		乙产品	4 000		14 800	2 072.00	16 872.00
		丙产品	3 670		13 579	1 901.06	15 480.06
		丁产品	4 204		15 555	2 177.70	17 732.70
		小计	15 074	3.70	55 774	7 808.36	63 582.36
辅助生产成本维修					12 164	1 702.96	13 866.96
制造费用	加工车间				8 020	1 122.80	9 142.80
	装配车间				6 216	870.24	7 086.24
	小计				14 236	1 993.04	16 229.04
应付职工薪酬——职工福利					6 090		6 090.00
管理费用					30 248	5 087.32	35 335.32
合计					180 384	25 253.76	205.637.76

（93）12 月 23 日，按月初固定资产账面原值计提本月折旧，房屋建筑物年折旧率为 4.8%，机器设备折旧率为 18%，汽车每月折旧 1 400 元。另支付固定资产大修理费 20 344.25元，已网银转账付讫。

原始凭证：①银行电子回单；

②增值税普通发票；

③固定资产折旧及大修理费分配表（表 3-29）。

表 3-29　固定资产折旧及大修理费分配

单位：元

部门或车间	房屋及建筑物		机器设备		其他（汽车）		本月计提合计	
	原值	折旧额	原值	折旧额	原值	折旧额	折旧额	大修理费
加工车间	1 600 000	6 400	543 000	8 145			14 545.00	5 148.15
装配车间	800 000	3 200	740 000	11 100			14 300.00	7 112.8
维修车间	300 000	1 200	232 300	3 484.50			4 684.50	22 405.1
厂部行政部门	1 050 000	4 200	300 520	4 507.80	150 000	1 400	10 107.80	5 053.90
出租			100 000	1 500			1 500.00	624.3
合计	3 750 000	15 000	1 915 820	28 737.30	150 000	1 400	45 137.30	20 344.25

（94）12 月 24 日，装配车间领用油漆 100 千克，稀释剂 40 千克，共计 1 880 元，甲、乙、丙、丁产品各负担 470 元。

原始凭证：领料单（记账联）。

（95）12 月 24 日，收到民生机器厂的转账支票一张，支付生产设备租金，并开出增值税专用发票金额 3 000 元，税额 390 元，支票已交银行进账。

原始凭证：①进账单（回单）；

②增值税专用发票（记账联）。

（96）12 月 24 日，计算本月原材料成本差异率，并分摊原材料成本差异。

原始凭证：材料成本差异分配表（表 3-30）。

表 3-30　材料成本差异分配

<table>
<tr><td colspan="3">分类</td><td>领用材料计划成本/元</td><td>差异率/%</td><td>应分配材料成本差异/元</td></tr>
<tr><td rowspan="8">生产成本</td><td rowspan="4">加工车间</td><td>甲产品</td><td>200 565. 70</td><td></td><td>4 974. 03</td></tr>
<tr><td>乙产品</td><td>240 984. 27</td><td></td><td>5 976. 41</td></tr>
<tr><td>丙产品</td><td>236 199. 20</td><td></td><td>5 857. 74</td></tr>
<tr><td>丁产品</td><td>279 450. 83</td><td></td><td>6 930. 38</td></tr>
<tr><td rowspan="4">装配车间</td><td>甲产品</td><td>59 894. 00</td><td></td><td>1 485. 37</td></tr>
<tr><td>乙产品</td><td>66 566. 00</td><td></td><td>1 650. 84</td></tr>
<tr><td>丙产品</td><td>85 694. 00</td><td></td><td>2 125. 21</td></tr>
<tr><td>丁产品</td><td>116 300. 00</td><td></td><td>2 884. 24</td></tr>
<tr><td colspan="3">辅助生产成本（维修）</td><td>4 938. 40</td><td></td><td>122. 47</td></tr>
<tr><td colspan="2" rowspan="2">制造费用</td><td>加工车间</td><td>2 200. 00</td><td></td><td>54. 56</td></tr>
<tr><td>装配车间</td><td>3 520. 00</td><td></td><td>87. 30</td></tr>
<tr><td colspan="3">合计</td><td>1 295 312. 40</td><td>2. 48</td><td>32 148. 55</td></tr>
</table>

$$本月材料成本差异率=\frac{52\ 242}{2\ 104\ 660}\times100\%\approx2.48\%$$

（97）12 月 25 日，银行转来网银电子回单，明星公司货款 267 610 元已收妥入账。

原始凭证：网银电子回单。

（98）12 月 25 日，销售给红叶铸造厂 A 材料 1 000 千克，每千克售价 20 元，价税合计22 600元，材料已自提运回，收到转账支票，已送存银行。

原始凭证：①增值税专用发票（记账联）；

②进账单回单联；

③出库单。

（99）12 月 25 日，签发转账支票 1 张，预付市电视台下年度广告费 72 000 元。

原始凭证：①增值税普通发票（发票联）；

②转账支票存根。

（100）12 月 25 日，胜利铸造厂发来增值税专用发票，发票显示铜铸件 380 件，每件 600 元，价税合计 257 640 元，另转来其代垫的物流公司开出的增值税专用发票上运费 7 000元，税额 630 元，经审核后网银转账支付货款和运费，铜铸件尚未运到。

原始凭证：①增值税专用发票（发票联、抵扣联）；

②增值税专用发票（发票联、抵扣联）——运费；

③网银单子回单（付款凭证）。

（101）12 月 26 日，上月已转入清理的固定资产——冲压机，其账面净值为 9 300 元，（注：该冲压机于 2008 年 9 月 30 日购进），长源机械厂以 10 000 元购买，当即交来转账支票，已送银行进账，同时结转净收益。

原始凭证：①增值税普通发票（记账联）；

②进账单（回单）。

（102）12 月 26 日，装配车间职工张峰因家庭经济困难申请临时困难补助 500 元，经工会讨论同意。出纳以现金付讫。

原始凭证：困难补助申请单。

（103）12 月 26 日，签发工行转账支票一张，支付成套机电设备公司办公楼电梯修理费1 340元。

原始凭证：①增值税普通发票（发票联）；

②转账支票存根。

（104）12 月 27 日，签发工行转账支票 1 张，预付下一年度第 1 季度财产保险费，5 993.80元，预付下一年度年度机动车保险费 3 000 元，共计 8 993.80 元。

原始凭证：①增值税普通发票（发票联）；

②转账支票存根。

（105）12 月 27 日，签发工行转账支票 1 张，支付医务室购买常用药品费 1 284 元。

原始凭证：①增值税普通发票（发票联）；

②转账支票存根。

（106）12 月 27 日，签发工行转账支票 1 张，支付本月排污费 1 050 元。（列管理费用）

原始凭证：①增值税普通发票（发票联）；

②转账支票存根。

（107）12 月 28 日，签发工行转账支票 1 张，支付大信律师事务所（小规模纳税人）法律顾问咨询费 1 545 元，其中增值税款 45 元。

原始凭证：①增值税专用发票（发票联、抵扣联）；

②转账支票存根。

（108）12 月 29 日，签发工行转账支票 1 张，支付会展中心展台摊位费 2 289 元，其中增值税额 189 元。

原始凭证：①增值税专用发票（发票联、抵扣联）；

②转账支票存根。

（109）12 月 30 日，摊销本月应负担的财产保险费 1 997 元，具体负担情况如下：加工车间 646 元，装配车间 475 元，维修车间 164 元，行政管理部门 666 元，出租固定资产 46 元。

原始凭证：财产保险费摊销表。

（110）12 月 30 日，摊销报刊费 400 元，其中行政部门 240 元；加工车间 60 元；装配车间 60 元；维修车间 40 元。

原始凭证：报刊费摊销表。

（111）12 月 31 日，上月购入的作为交易性金融资产核算的 5 000 股股票，每股价格上涨为 20 元。

原始凭证：公允价值变动计算表。

（112）12 月 31 日，将本月辅助生产成本维修成本 27 473.93 元，试按（维修）工时进行分配。辅助生产（维修）费用分配表如表 3-31 所示（分配率精确到 0.01 元）：

表 3-31　辅助生产费用分配

车间或部门	分配标准/工时	分配率	应分配费用/元
加工车间	680		12 886.00
装配车间	700		13 265.00
行政管理部门	70		1 322.93
合计	1 450	18.95	27 473.93

原始凭证：辅助生产费用分配表。

（113）12 月 31 日，将加工车间制造费用 57 212.01 元按本车间产品生产工时进行分配，分配表如表 3-32 所示：

表 3-32　加工车间制造费用分配

产品名称	分配标准/工时	分配率	分配金额/元
Y-Ⅰ甲半成品	4 000		11，840.00
Y-Ⅱ乙半成品	5 500		16，280.00
G-30 丙半成品	4 180		12，372.80
G-40 丁半成品	5 655		16，719.21
合计	19 335	2.96	57，212.01

原始凭证：加工车间制造费用分配表

（114）12 月 31 日，将装配车间的制造费用 54 874.34 元，按本车间产品生产工时进行分配，分配表如表 3-33 所示：

表 3-33　装配车间制造费用分配

产品名称	分配标准/工时	分配率	分配金额/元
Y-Ⅰ甲成品	3 200		11 648.00

表3-33(续)

产品名称	分配标准/工时	分配率	分配金额/元
Y-Ⅱ乙成品	4 000		14 560.00
G-30 丙成品	3 670		13 358.80
G-40 丁成品	4 204		15 307.54
合计	15 074	3.64	54 874.34

原始凭证：装配车间制造费用分配表。

（115）12 月 31 日加工车间本月完工半成品甲、乙、丙、丁产品数量，以及其在产品数量及完工程度如表 3-34 所示，试计算甲、乙、丙、丁完工半成品成本并结转至装配车间。

表 3-34　本月完工及月末在产品情况

产品名称	月初在产品数量/台	本月投产/台	本月完工/台	月末在产品	
				数量/件	完工程度/%
Y-Ⅰ甲半成品	20	200	180	40	80
Y-Ⅱ乙半成品	15	225	220	20	50
G-30 丙半成品	40	160	180	20	50
G-40 丁半成品	25	225	230	20	50

注：原材料在开工时一次性投料，直接人工、制造费用成本项目按约当产量计算，各成本项目单位成本精确到 0.01 元，结转加工车间转入装配车间完工半成品成本如下：

Y-Ⅰ甲半成品 180 台，205 101.00 元

Y-Ⅱ乙半成品 220 台，276 683.00 元

G-30 丙半成品 180 台，274 757.40 元

G-40 丁半成品 230 台，320 797. 10 元

原始凭证：加工车间成本计算表。

（116）12 月 31 日，装配车间完工产成品数量，在产品数量及完工程度情况如表 3-35 所示：

表 3-35　在产品数量及完工程度情况

产品名称	月初在产品数量/台	加工车间完工转入数	本月完工数	月末在产品	
				数量/台	完工程度/%
Y-Ⅰ甲产品	10	180	160	30	50
Y-Ⅱ乙产品	15	220	200	35	80
G-30 丙产品	20	180	160	40	50
G-40 丁产品	10	230	200	40	50

注：装配车间半成品成本项目不按约当产量计算，其余直接材料、直接人工、制造费用成本项目均按约当产量计算结转。最后将完工产成品成本中的半成品成本，按加工车间本月完工半成品成本结构还原（还原分配率精确到 0. 000 1），并编制产品成本汇总表。

装配车间完工产品成本转出如下：

Y-Ⅰ甲产品 160 台，单位成本 1 654. 25 元，总成本 264 680 元

Y-Ⅱ乙产品 200 台，单位成本 1 720. 74 元，总成本 344 148 元

G-30 丙产品 160 台，单位成本 2 186. 92 元，总成本 349 907. 20 元

G-40 丁产品 200 台，单位成本 2 104. 13 元，总成本 420 826 元

合计：1 379 561. 20 元

原始凭证：产成品入库单。

（117）12月31日，通过民政部门向灾区重建工程捐赠G-30丙产品4台，成本按加权平均单价2 071.54元计算，每台按3 500元售价计算应交增值税。

原始凭证：①增值税专用发票（记账联）；

②出库单。

（118）12月31日仓库盘点存货时发现E材料短缺了一批，数量为1 000千克，该批材料购进时增值税发票上注明税额734.5元，经查明是由于仓库保管员管理不善造成的。

原始凭证：存货盘存表。

（119）12月31日，结转本月未交增值税192 559.29元。（包括产品销售应交增值税以及捐赠产品应交增值税、简易计税）。

原始凭证：增值税计算表。

（120）12 月 31 日，缴纳资源税 33 481. 38 元

原始凭证：税收缴款书。

（121）12 月 31 日，计算并结转本月应缴房产税、土地使用税。

房产税 = 3 750 000×（1−20%）×1. 2%/12 = 3 000. 00

土地使用税 = 5 850×5/12 = 2 437. 50

原始凭证：房产税、土地使用税计算表。

（122）12 月 31 日，本月应摊销无形资产 5 000 元。

原始凭证：无形资产摊销计算表。

（123）12 月 31 日，查明一台锻压设备工艺技术较落后，其预计可收回金额 50 000 元，账面价值 65 000 元，据以计提固定资产减值准备。

原始凭证：减值准备计算表。

（124）12 月 31 日，按全月一次加权平均单价计算结转本月已销售产品成本（采用顺算法计算成本）。

Y-Ⅰ甲成品 190 台，每台单价 1 636. 70 元，总成本 310 973 元

Y-Ⅱ乙成品 210 台，每台单价 1 736. 70 元，总成本 364 707 元

G-30 丙产品 240 台，每台单价 2 071. 54 元，总成本 497 169. 60 元

G-40 丁产品 240 台，每台单价 2 148. 50 元，总成本 515 640 元

合计：1 688 489. 60 元

原始凭证：销售成本计算表。

（125）12 月 31 日，计提坏账准备。清远公司托收款 304 000 元已超过正常回款期，按 1%计提坏账准备 3 040 元。其他应收款中，张兴欠款 900 元，已超过两年未能收回，按 50%计提坏账准备 450 元。

原始凭证：坏账准备计提表。

（126）12 月 31 日，收到投资企业送来的本年度利润表。东华公司实现净利润421 500元，本公司出资比例为 30%，采用权益法核算。天府机器厂实现净利润为186 450元，本公司出资比例为 15%，不能施加重大影响，故采用成本法核算。天府公司厂已宣告拿出80 000 元向投资者分配利润，本公司应分得股利尚未收到。

原始凭证：东华公司年度利润表

（127）12 月 31 日，计算应交所得税。调整事项包括：从东华公司和天府公司分得的138 450 元属税后利润，且所得税率均为 25%，故应调减纳税所得；计提固定资产减值准备不得在税前列支，应调增纳税所得 15 000 元，计提的坏账准备不得在税前列支，应调增纳税所得 1 170 元，本期发生的公允价值变动损益应纳税调减 45 000 元。

企业核定的全年计税工资总额为 1 974 000 元，实际发放工资总额 2 161 480 元。超过计税工资标准发放的工资和超过计税工资总额提取的职工福利费、工会经费、教育经费均应调增纳税所得，共计调增 220 289 元。

12 月应交所得税＝全年应交所得税－当年 1 至 11 月累计已交所得税

＝（3 341800. 4－138 450. 00+15 000. 00+220 289. 00+1 170－45 000）×25%－650 000

＝ 848 702. 35－650 000＝198 702. 35（元）

原始凭证：所得税计算表。

（128）12 月 31 日，结转本年利润。

（129）12 月 31 日，按本年净利润 10%、5%计提法定盈余公积和任意盈余公积。

原始凭证：盈余公积计提表。

（130）12 月 31 日，经公司董事会决议按出资比例向投资方分配股利 800 000 元，尚未发放。

原始凭证：董事会决议书。

（131）12 月 31 日，将“本年利润”及“利润分配”账户有关明细账余额结转“利润分配——未分配利润”账户。

第四章　电算化（金蝶 K/3 版）同步实训指导

第一节　实训情况介绍

一、实训目的和基本要求

学生在学习会计电算化理论知识的同时，通过进行上机模拟实验操作，巩固所学的理论知识，加深对专业知识的理解，切实提高实践技能。实训结束后，学生应达到以下基本要求：

（1）了解会计电算化的基本知识、基本原理，能够利用金蝶会计软件完成系统初始化工作，并能熟练掌握必要的系统应用和维护技巧；

（2）熟悉会计软件的功能结构、处理流程，重点掌握总账系统、会计报表系统的应用，具备熟练应用金蝶会计软件进行凭证处理、账簿管理和使用、编辑报表公式、生成和审核报表的实际操作能力；

（3）能够在实验中分别模拟制单、出纳、审核、系统管理员等不同角色的操作，参与其中进行不同的会计业务处理；

（4）了解金蝶软件工资核算、购销存、财务分析等其他功能模块的应用。

二、实训的原理与方法

电算化会计模拟实验的实训操作是会计电算化专业最重要的实践性教学环节。本实训课程采用高仿真财会模拟实习的方式，完全按照工业企业运作流程，学生要先通过高仿真手工模拟实习完成一家工业企业的一个月的业务流程，然后根据所得到的手工资料再来进行电算化做账，在实训指导中应注意以下两点：

（1）上机模拟实验要与相关理论知识的教学同步进行；

（2）要求学生在上机之前务必准备好实验资料，上机实验时按规定步骤进行操作，充分利用有限的上机时间。

三、实训条件

为保证模拟实验实训课程的正常教学，多媒体教室应配备如下设备和软件：

（1）计算机：计算机设备应配备主流机型，学生有必要的存储设备；

（2）每间教室应配备 1 台高清晰度大屏幕投影仪，1 套麦克风；

（3）保证服务器运行正常，保证每台计算机内部联网正常；

（4）计算机应安装金蝶 K/3 软件系统（网络版）。

每个小组须完成从建账到出具财务报告的一系列电算化操作流程，最后要出具完整的财务报表。

第二节　建立账套

一、新建公司机构及账套

公司机构代码：01

公司名称：阳光机械

账套号：可以设置学生学号（注：账套号的设置会根据专业班级有所变化）

账套名：阳光机械

账套类型：标准供应链解决方案

数据实体：系统会自动给出，不需客户命名

数据库文件路径：C：\ MSSQL7 \ DATA \ 或 D：\ MSSQL7 \ DATA \

二、设置账套参数

公司名称：阳光有限公司

记账本位币：人民币货币代码：RMB　凭证过账前必须审核：√

账套启用期间：20××年 12 月 1 日（20××年度 12 期）

三、添加用户

用户名及相关权限如表 4-1 所示：

表 4-1　用户名相关权限

用户名	认证方式	用户组	权限
学生 1	密码认证（不设密码）	Administrators（系统管理员组）	不需授权
学生 2	密码认证（不设密码）	Users（一般用户组）	授予所有权限

第三节　账套基础设置

一、从模板中引入会计科目（新会计准则制度）

进入系统设置里的基础资料里的公共资料里的科目，点击文件选项，从下拉菜单里选择引入会计科目，选择新会计准则制度，全选、确定！

二、设置总账系统参数

设置“本年利润”科目代码 4103，“利润分配”科目代码 4104。

对以下账套选项打“√”：

（1）启用往来业务核销；

（2）新增凭证自动填补断号；

（3）银行存款科目必须录入结算方式和结算号。

提示：进入 K3 系统主界面，点击系统设置，在下拉菜单里选择总账，点击进入明细功能，选击系统参数进行相关操作。

三、系统资料维护

（1）增加凭证字为“记”字。

（2）增加两个计量单位组及相应组里的计量单位，如表 4-2 所示。

表 4-2

计量单位组	代码	计量单位名称	系数
数量组	01	件	1
	02	套	1
	03	只	1
	04	辆	1
	05	把	1
	06	个	1
	07	台	1
	08	张	1
重量及其他组	KG	千克	1
	L	升	1
	M^2	平方米	1

（3）增加支票结算方式。

①新增会计科目 1002.01 和 1002.02 两个明细科目，在其核算项目里增加“银行账号”，如表 4-3 所示。

表 4-3　新增科目及相关信息

科目代码	科目名称	方向	核算项目	备注
1002.01	工商银行	借	银行账号	银行科目、日记账
1002.02	建设银行	借	银行账号	银行科目、日记账

②设置结算方式，如表 4-4 所示：

表 4-4　结算方式设置

代码	名称	科目代码
01	现金结算	1001
201	现金支票结算	1002.01
202	转账支票结算	1002.01
203	建行支票结算	1002.02
204	网上银行	1002.02

（4）新增相关核算项目资料。

①新增客户资料，如表 4-5 所示：

表 4-5　新增客户资料

代码	全名	开户银行	银行账号
01	清远公司	泸城工行大安分理处	036-48302611
02	明星公司	春城工行大观分理处	380-34584566
03	南湖公司	江城工行中山分理处	582-07845392
04	黄河公司	广安市工行前锋分理处	340-27654112
05	东风公司	水城工行南山分理处	360-28454321
06	常兴公司	工行石安分理处	034-42307212
07	振兴公司	工行雅州路分理处	032-32403840
08	大华商城	工行府青路分理处	240-31740225
09	运输公司	工行东街分理处	240-35273642

②新增部门档案，如表 4-6 所示：

表 4-6　新增部门档案

代码	名称	全名
01	生产设备科	生产设备科
02	厂部办公室	厂部办公室
03	供销科	供销科

表4-6(续)

代码	名称	全名
04	仓库储运科	仓库储运科
05（上级组）	生产车间	生产车间
05.01	加工车间	加工车间
05.02	装配车间	装配车间
05.03	维修车间	维修车间
06	财务科	财务科

③新增人员类别如表 4-7 所示：

表 4-7　新增人员类别

代码	名称	全名	部门名称
01	李云辉	李云辉	02
02	王进	王进	05.01
03	王星	王星	01
04	张辉	张辉	05.02
05	张兴	张兴	02
06	李明	李明	04

④供应商分类如表 4-8 所示：

表 4-8　供应商分类

代码	全名	开户行	银行账号
01	红叶制造厂	交行常兴支行	024-86764425
02	长源机械厂	广元市工行嘉陵分理处	330-47895432
03	胜利铸造厂	赤城工行蒲阳路分理处	023-38745240
04	星辉仪器厂	盐城工行北郊分理处	720-49543246

⑤银行账号如表 4-9 所示：

表 4-9 银行账号

代码	名称	全名	银行接口类型	银行账号	账户名称	开户行
01	基本户	基本户	工商银行	240-21864022	工行	工行天仙路支行
02	一般户	一般户	建设银行	510-24385433	建行	建行南阳分理处

（5）20××年 12 月初总账及明细账科目（表 4-10）。

提示：此环节主要是新增明细科目，在新增会计明细科目的时候中间一定要加小数点，如 1002.01，输入数据较多，个别数字可能出现错误，若有异议，自与教材相关资料进行核对并更正。

表 4-10 20××年 12 月初总账及明细账科目

科目代码	科目名称	方向	核算项目	备注
1001	库存现金	借		现金科目，出日记账
1002	银行存款	借		银行科目、日记账
1002.01	工商银行	借	银行账号	银行科目、日记账
1002.02	建设银行	借	银行账号	银行科目、日记账
1012	其他货币资金	借		
1012.01	存出投资款	借		
1101	交易性金融资产	借		
1101.01	成本			
1101.02	公允价值变动			
1121	应收票据	借		
1121.01	商业承兑汇票	借	客户	
1122	应收账款	借	客户	
1221	其他应收款	借		
1221.01	应收个人款	借	职员	
1221.02	应收单位款	借	客户	
1221.03	厂办备用金	借		

表4-10(续)

科目代码	科目名称	方向	核算项目	备注
1131	应收股利	借		
1231	坏账准备	贷		
1123	预付账款	借		
1123.01	低值易耗品摊销	借		
1123.02	财产保险费	借		
1123.03	报刊费	借		
1123.04	广告费	借		
1401	材料采购	借	供应商	
1402	在途物资	借		
1403	原材料	借		
1403.01	主要材料	借		
1403.01.01	A 材料	借		数量金额辅助核算
1403.01.02	B 材料	借		数量金额辅助核算
1403.01.03	C 材料	借		数量金额辅助核算
1403.01.04	D 材料	借		数量金额辅助核算
1403.01.05	E 材料	借		数量金额辅助核算
1403.01.06	F 材料	借		数量金额辅助核算
1403.01.07	H 材料	借		数量金额辅助核算
1403.01.08	M 材料	借		数量金额辅助核算
1403.01.09	N 材料	借		数量金额辅助核算
1403.01.10	P 材料	借		数量金额辅助核算
1403.01.11	W 材料	借		数量金额辅助核算
1403.01.12	钢铸件	借		数量金额辅助核算
1403.01.13	铜铸件	借		数量金额辅助核算
1403.01.14	Y-I 套件	借		数量金额辅助核算
1403.01.15	Y-II 套件	借		数量金额辅助核算
1403.01.16	G-30 套件	借		数量金额辅助核算
1403.01.17	G-40 套件	借		数量金额辅助核算
1403.02	辅助材料及燃料	借		

表4-10(续)

科目代码	科目名称	方向	核算项目	备注
1403.02.01	油漆	借		数量金额辅助核算
1403.02.02	稀释剂	借		数量金额辅助核算
1403.02.03	柴油	借		数量金额辅助核算
1403.02.04	汽油	借		数量金额辅助核算
1403.02.05	机油	借		数量金额辅助核算
1404	材料成本差异	借		
1404.01	原材料成本差异	借		
1405	库存商品	借		
1405.01	Y-I 甲产品	借		数量金额辅助核算
1405.02	Y-II 乙产品	借		数量金额辅助核算
1405.03	G-30 丙产品	借		数量金额辅助核算
1405.04	G-40 丁产品	借		数量金额辅助核算
1406	发出商品	借		
1406.01	南湖公司	借		
1408	包装物	借		
1408.01	包装木箱	借		数量金额辅助核算
1409（新增）	低值易耗品	借		
1409.01	压力表	借		数量金额辅助核算
1409.02	电动机	借		数量金额辅助核算
1409.03	手推车	借		数量金额辅助核算
1409.04	安全钳	借		数量金额辅助核算
1409.05	扳手	借		数量金额辅助核算
1409.06	办公桌	借		数量金额辅助核算
1409.07	转椅	借		数量金额辅助核算
1409.08	沙发	借		数量金额辅助核算
1471	存货跌价准备	贷		
1511	长期股权投资	借		
1511.01	天府机器厂	借		
1511.02	东华公司	借		

表4-10(续)

科目代码	科目名称	方向	核算项目	备注
1512	长期股权投资减值准备	贷		
1531	长期应收款	借		
1532	未实现融资收益	借		
1541	存出资本保证金	借		
1601	固定资产	借		
1601.01	加工车间			
1601.01.01	厂房或办公楼			
1601.01.02	机器设备			
1601.02	装配车间			
1601.02.01	厂房或办公楼			
1601.02.02	机器设备			
1601.03	维修车间			
1601.03.01	厂房或办公楼			
1601.03.02	机器设备			
1601.04	厂部			
1601.04.01	厂房或办公楼			
1601.04.02	机器设备			
1601.04.03	汽车			
1601.05	出租固定资产			
1601.05.01	机器设备			
1602	累计折旧	贷		
1603	固定资产减值准备	贷		
1604	在建工程	借		
1604.01	生产线工程	借		
1605	工程物资	借		
1606	固定资产清理	借		
1701	无形资产	借		
1701.01	专利权	借		

表4-10(续)

科目代码	科目名称	方向	核算项目	备注
1702	累计摊销	贷		
1703	无形资产减值准备	贷		
1711	商誉	借		
1801	长期待摊费用	借		
1811	递延所得税资产	借		
1901	待处理财产损溢	借		
2001	短期借款	贷		
2001.01	工行借款	贷		
2001.02	建行借款	贷		
2101	交易性金融负债	贷		
2201	应付票据	贷		
2201.01	商业承兑汇票	贷	供应商	
2202	应付账款	贷	供应商	
2203	预收账款	贷		
2211	应付职工薪酬	贷		
2211.01	职工工资	贷		
2211.02	职工福利	贷		
2211.03	工会经费	贷		
2211.04	职工教育经费	贷		
2211.05	社会保险费	贷		
2211.06	住房公积金	贷		
2221	应交税费	贷		
2221.01	应交增值税	贷		
2221.01.01	进项税额	贷		
2221.01.02	转出未交增值税	贷		
2221.01.03	销项税额	贷		
2221.01.04	进项税额转出	贷		
2221.02	未交增值税	贷		
2221.03	应交所得税	贷		

表4-10(续)

科目代码	科目名称	方向	核算项目	备注
2221.04	应交城建税	贷		
2221.05	应交教育费附加	贷		
2221.06	应交房产税	贷		
2221.07	应交土地税	贷		
2221.08	应交个人所得税	贷		
2221.09	简易计税	贷		
2231	应付利息	贷		
2231.01	预提短期借款利息	贷		
2232	应付股利	贷		
2241	其他应付款	贷		
2241.01	代领工资	贷		
2501	长期借款	贷		
2501.01	工行改造借款	贷		
2801	预计负债	贷		
4001	实收资本	贷		
4001.01	新华公司	贷		
4001.02	万达机械厂	贷		
4001.03	光明公司	贷		
4002	资本公积	贷		
4002.01	资本溢价	贷		
4002.02	其他资本公积	贷		
4101	盈余公积	贷		
4101.01	法定盈余公积	贷		
4101.02	任意盈余公积	贷		
4103	本年利润	贷		
4104	利润分配	贷		
4104.01	未分配利润	贷		
4104.02	提取法定盈余公积	贷		
4104.03	提取任意盈余公积	贷		

表4-10(续)

科目代码	科目名称	方向	核算项目	备注
4104.04	应付股利	贷		
4201	库存股	贷		
5001	生产成本	借		
5001.01	加工车间	借		
5001.01.01	Y-1 甲半成品	借	成本项目核算	
5001.01.02	Y-2 乙半成品	借	成本项目核算	
5001.01.03	G-30 丙半成品	借	成本项目核算	
5001.01.04	G-40 丁半成品	借	成本项目核算	
5001.02	装配车间	借		
5001.02.01	Y-1 甲产品	借	成本项目核算	
5001.02.02	Y-2 乙产品	借	成本项目核算	
5001.02.03	G-30 丙产品	借	成本项目核算	
5001.02.04	G-40 丁产品	借	成本项目核算	
5001.03	辅助生产成本 ——维修车间	借		
5101	制造费用	借		
5101.01	加工车间	借		
5101.01.01	工资及福利费	借		
5101.01.02	折旧修理费	借		
5101.01.03	办公水电费	借		
5101.01.04	材料消耗	借		
5101.01.05	劳保用品及其他	借		
5101.02	装配车间	借		
5101.02.01	工资及福利费	借		
5101.02.02	折旧修理费	借		
5101.02.03	办公水电费	借		
5101.02.04	材料消耗	借		
5101.02.05	劳保用品及其他	借		
5201	劳务成本	借		

表4-10(续)

科目代码	科目名称	方向	核算项目	备注
5301	研发支出	借		
5401	工程施工	借		
5402	工程结算	贷		
5403	机械作业	借		
6001	主营业务收入	贷		
6001.01	甲产品			
6001.02	乙产品			
6001.03	丙产品			
6001.04	丁产品			
6051	其他业务收入	贷		
6101	公允价值变动损益	贷		
6111	投资收益	贷		
6301	营业外收入	贷		
6401	主营业务成本	借		
6401.01	甲产品			
6401.02	乙产品			
6401.03	丙产品			
6401.04	丁产品			
6402	其他业务成本	借		
6403	税金及附加	借		
6601	销售费用	借		
6601.01	运输装卸费	借		
6601.02	包装费	借		
6601.03	展览费	借		
6601.04	其他	借		
6601.05	广告费	借		
6602	管理费用	借		
6602.01	工资及福利费	借		
6602.02	职工保险及公积金	借		

表4-10(续)

科目代码	科目名称	方向	核算项目	备注
6602.03	折旧、修理及 财产保险费	借		
6602.04	物料消耗摊销	借		
6602.05	业务招待费	借		
6602.06	工会及教育经费	借		
6602.07	税金	借		
6602.08	办公费用及其他	借		
6603	财务费用	借		
6603.01	利息	借		
6603.02	银行手续费	借		
6603.03	汇兑损失	借		
6701	资产减值损失	借		
6702	信用减值损失	借		
6711	营业外支出	借		
6801	所得税费用	借		
6201	资产处置损益	贷		

操作要点：

①设置外币核算的科目时，一定要注意选择相应币别，如果一级科目下有明细科目按外币核算的，则一级科目是要设为核算所有币别；

②在会计科目下以挂接核算项目的方式设明细账，与在科目下直接增加明细科目实现的账簿结果是一样的，而且这样还可解决科目设置工作重复的问题，但我们不要求必须这样设置，关键是学生要结合企业的实际情况，灵活掌握。另外，科目下面如已挂核算项目，就不能再设明细科目；一个科目下可挂多个核算项目，这些核算项目间是一种平等并列的关系；核算项目下也不能再挂核算项目。

③如果在系统资料界面看不到已录入的明细科目，可在“工具”菜单下选择“选项”中的显示明细科目一项即可。

第四节　账务处理

一、账务处理的初始化

设置完物料以后再输入科目的期初余额（参照表 4-12）。在现金管理模块中录入初始数据。在录入银行期初数据时一定要录入银行名称及银行账号，启用现金日记账、银行存款日记账，在“编辑”功能模块中“结束初始化”。录入完科目期初数据要试算平衡，试算平衡以后要“结束初始化”。

表 4-12　各科目名称及期初余额

科目代码	科目名称	结存数量	方向	期初余额	核算项目	备注
1001	库存现金		借	9 623		现金科目，出日记账
1002	银行存款		借	666 000		银行科目、日记账
1002. 01	工商银行		借	566 000	银行账号	银行科目、日记账
1002. 02	建设银行		借	100 000	银行账号	银行科目、日记账
1012	其他货币资金		借	32 470		
1012. 01	存出投资款		借	32 470		
1101	交易性金融资产		借	55 000		
1121	应收票据		借	53 000		
1121. 01	商业承兑汇票		借	53 000	客户	
1122	应收账款		借	464 000	客户	
1221	其他应收款		借	10 800		
1221. 01	应收个人款		借	6 300	职员	
1221. 02	应收单位款		借	2 500	客户	
1 221. 03	厂办备用金		借	2 000		
1131	应收股利		借			

表4-12(续)

科目代码	科目名称	结存数量	方向	期初余额	核算项目	备注
1231	坏账准备		贷	2 320		
1301	预付账款		借	3 000		
1301.01	低值易耗品摊销		借	603		
1301.02	财产保险费		借	1 997		
1301.03	报刊费		借	400		
1301.04	广告费		借			
1401	材料采购		借		供应商	
1402	在途物资		借			
1403	原材料		借	1 445 820		
1403.01	主要材料		借	1 425 220		
1403.01.01	A 材料	10 000	借	154 400	数量金额辅助核算	
1403.01.02	B 材料	12 000	借	154 200	数量金额辅助核算	
1403.01.03	C 材料	400	借	123 000	数量金额辅助核算	
1403.01.04	D 材料	500	借	128 100	数量金额辅助核算	
1403.01.05	E 材料	25 000	借	141 250	数量金额辅助核算	
1403.01.06	F 材料	2 500	借	11 000	数量金额辅助核算	
1403.01.07	H 材料	200	借	7 160	数量金额辅助核算	
1403.01.08	M 材料	400	借	8 200	数量金额辅助核算	
1403.01.09	N 材料	500	借	9 200	数量金额辅助核算	
1403.01.10	P 材料	700	借	32 760	数量金额辅助核算	
1403.01.11	W 材料	300	借	17 550	数量金额辅助核算	
1403.01.12	钢铸件	500	借	243 000	数量金额辅助核算	

表4-12(续)

科目代码	科目名称	结存数量	方向	期初余额	核算项目	备注
1403.01.13	铜铸件	400	借	242 000	数量金额辅助核算	
1403.01.14	Y-I 套件	100	借	25 500	数量金额辅助核算	
1403.01.15	Y-II 套件	100	借	24 800	数量金额辅助核算	
1403.01.16	G-30 套件	120	借	57 600	数量金额辅助核算	
1403.01.17	G-40 套件	100	借	45 500	数量金额辅助核算	
1403.02	辅助材料及燃料		借	20 600		
1403.02.01	油漆	250	借	3 500	数量金额辅助核算	
1403.02.02	稀释剂	95	借	1 140	数量金额辅助核算	
1403.02.03	柴油	5 000	借	15 600	数量金额辅助核算	
1403.02.04	汽油	65	借	208	数量金额辅助核算	
1403.02.05	机油	10	借	152	数量金额辅助核算	
1404	材料成本差异		借	53 392		
1404.01	原材料成本差异		借	53 392		
1405	库存商品		借	1 959 000		
1405.01	Y-I 甲产品	240	借	390 000	数量金额辅助核算	
1405.02	Y-II 乙产品	240	借	420 000	数量金额辅助核算	
1405.03	G-30 丙产品	300	借	603 000	数量金额辅助核算	
1405.04	G-40 丁产品	250	借	546 000	数量金额辅助核算	
1406	发出商品		借	150 750		
1406.01	南湖公司		借	150 750		

表4-12(续)

科目代码	科目名称	结存数量	方向	期初余额	核算项目	备注
1408	包装物		借	54 400		
1408.01	包装木箱	800	借	54 400	数量金额辅助核算	
1409	低值易耗品		借	10 600		
1409.01	压力表	10	借	6 000	数量金额辅助核算	
1409.02	电动机	7	借	2 800	数量金额辅助核算	
1409.03	手推车	4	借	1 400	数量金额辅助核算	
1409.04	安全钳	10	借	160	数量金额辅助核算	
1409.05	扳手	10	借	240	数量金额辅助核算	
1409.06	办公桌		借		数量金额辅助核算	
1409.07	转椅		借		数量金额辅助核算	
1409.08	沙发		借		数量金额辅助核算	
1471	存货跌价准备		贷			
1511	长期股权投资		借	603 260		
1511.01	天府机器厂		借	120 000		
1511.02	东华公司		借	483 260		
1512	长期股权投资减值准备		贷			
1531	长期应收款		借			
1532	未实现融资收益		借			
1541	存出资本保证金		借			
1601	固定资产		借	5 815 820		
1602	累计折旧		贷	2 822 520		
1603	固定资产减值准备		贷			

表4-12(续)

科目代码	科目名称	结存数量	方向	期初余额	核算项目	备注
1604	在建工程		借	503 760		
1604.01	生产线工程		借	503 760		
1605	工程物资		借			
1606	固定资产清理		借	9 300		
1701	无形资产		借	360 000		
1701.01	专利权		借	360 000		
1702	累计摊销		贷	55 000		
1703	无形资产减值准备		贷			
1711	商誉		借			
1811	递延所得税资产		借			
1901	待处理财产损溢		借			
2001	短期借款		贷	1 885 000		
2001.01	工行借款		贷	1 535 000		
2001.02	建行借款		贷	350 000		
2101	交易性金融负债		贷			
2201	应付票据		贷	43 620		
2201.01	商业承兑汇票		贷	43 620	供应商	
2202	应付账款		贷	748 305	供应商	
2203	预收账款		贷			
2211	应付职工薪酬		贷	30 882		
2211.01	职工工资		贷			
2211.02	职工福利		贷	19 920		
2211.03	工会经费		贷	2 284		
2211.04	职工教育经费		贷	8 678		
2211.05	社会保险费					
2211.06	住房公积金					
2221	应交税费		贷	298 928		
2221.01	应交增值税		贷			

表4-12(续)

科目代码	科目名称	结存数量	方向	期初余额	核算项目	备注
2221.01.01	进项税额		贷			
2221.01.02	转出未交增值税		贷			
2221.01.03	销项税额		贷			
2221.02	未交增值税		贷	65 000		
2221.03	应交所得税		贷	217 428		
2221.04	应交城建税		贷	10 850		
2221.05	应交教育费附加		贷	5 650		
2221.06	应交消费税		贷			
2221.07	应交房产税		贷			
2221.08	应交土地税		贷			
2221.09	应交个人所得税					
2232	应付股利		贷			
2241	其他应付款		贷	540		
2241.01	代领工资		贷	540		
2231	应付利息		贷	29 520		
2231.01	预提短期借款利息		贷	29 520		
2501	长期借款		贷	1 068 000		
2501.01	工行改造借款		贷	1 068 000		
2801	预计负债					
4001	实收资本		贷	3 000 000		
4001.01	新华公司		贷	1 500 000		
4001.02	万达机械厂		贷	900 000		
4001.03	光明公司		贷	600 000		
4002	资本公积		贷	181 020		
4002.01	资本溢价		贷	120 000		
4002.02	其他资本公积		贷	61，020		
4101	盈余公积		贷	320 500		
4101.01	法定盈余公积		贷	205 500		

表4-12(续)

科目代码	科目名称	结存数量	方向	期初余额	核算项目	备注
4101.02	任意盈余公积		贷	115 000		
4103	本年利润		贷	1 731 950		
4104	利润分配		贷	221 000		
4104.01	未分配利润		贷	221 000		
4104.02	提取法定盈余公积		贷			
4104.03	提取任意盈余公积		贷			
4104.04	应付股利		贷			
4201	库存股		贷			
5001	生产成本		借	179 110		
5001.01	加工车间		借	90 860		
5001.01.01	Y-1 甲半成品		借	17 430	成本项目核算	
5001.01.02	Y-2 乙半成品		借	16 652	成本项目核算	
5001.01.03	G-30 丙半成品		借	33 486	成本项目核算	
5001.01.04	G-40 丁半成品		借	23 292	成本项目核算	
5001.02	装配车间		借	88 250		
5001.02.01	Y-1 甲产品		借	14 740	成本项目核算	
5001.02.02	Y-2 乙产品		借	24 730	成本项目核算	
5001.02.03	G-30 丙产品		借	31 385	成本项目核算	
5001.02.04	G-40 丁产品		借	17 395	成本项目核算	
5001.03	辅助生产成本-维修车间		借			
5101	制造费用		借			
5101.01	加工车间		借			

表4-12(续)

科目代码	科目名称	结存数量	方向	期初余额	核算项目	备注
5101.02	装配车间		借			
5201	劳务成本		借			
5301	研发支出		借			
5401	工程施工		借			
5402	工程结算		贷			
5403	机械作业		借			
6001	主营业务收入		贷			
6051	其他业务收入		贷			
6101	公允价值变动损益		贷			
6201	资产处置损益		贷			
6111	投资收益		贷			
6301	营业外收入		贷			
6401	主营业务成本		借			
6402	其他业务成本		借			
6403	税金及附加		借			
6601	销售费用		借			
6601.01	运输装卸费		借			
6601.02	包装费		借			
6601.03	展览费		借			
6601.04	其他		借			
6601.05	广告费		借			
6602	管理费用		借			
6602.01	工资及福利费		借			
6602.02	职工保险及公积金		借			
6602.03	折旧、修理及财产保险费		借			
6602.04	物料消耗摊销		借			
6602.05	业务招待费		借			

表4-12(续)

科目代码	科目名称	结存数量	方向	期初余额	核算项目	备注
6602.06	工会及教育经费		借			
6602.07	税金		借			
6602.08	办公费用及其他		借			
6603	财务费用		借			
6603.01	利息		借			
6603.02	银行手续费		借			
6603.03	汇兑损失		借			
6701	资产减值损失		借			
6702	信用减值损失		借			
6711	营业外支出		借			
6801	所得税费用		借			

二、账务日常业务处理

编制前文所述的131笔业务记账凭证，并录入系统。注意相关的项目核算、结算方式、结算编号，要按顺序录入，可以两人同时录凭证，如A同学输1~60号凭证，B同学就可以从第61笔开始录入。审核和制单不能为同一人，业务日期是指每笔业务发生的时期，而制单日期一律为20××年12月31日。

三、期末处理

自动结转损益类科目，生成转账凭证并记账。

四、编制报表

编制资产负债表、利润表。